谢朓传

南京历史文化名人系列丛书

胡阿祥　王景福　著

南京大学六朝研究所书系『戊种·公共史学』第贰号

南京市文化和旅游局
南京市博物总馆　编

凤凰出版社

图书在版编目（CIP）数据

谢朓传 / 胡阿祥，王景福著. -- 南京 ：凤凰出版社，2019.12
（南京历史文化名人系列丛书）
ISBN 978-7-5506-3078-9

Ⅰ. ①谢… Ⅱ. ①胡… ②王… Ⅲ. ①谢朓（464-499）—传记 Ⅳ. ①K825.6

中国版本图书馆CIP数据核字(2019)第289566号

书　　名	谢朓传
著　　者	胡阿祥　王景福
责任编辑	尤丹丹
出版发行	凤凰出版社(原江苏古籍出版社) 发行部电话025-83223462
出版社地址	南京市中央路165号，邮编:210009
出版社网址	http://www.fhcbs.com
照　　排	南京凯建文化发展有限公司
印　　刷	江苏凤凰通达印刷有限公司 南京市六合区冶山镇，邮编:211523
开　　本	718×1005毫米　1/16
印　　张	8.5
字　　数	126千字
版　　次	2019年12月第1版　2019年12月第1次印刷
标准书号	ISBN 978-7-5506-3078-9
定　　价	68.00元

(本书凡印装错误可向承印厂调换，电话:025-57572508)

《南京历史文化名人系列丛书》编委会

序 言

南京古称金陵、建邺、建康等，是素负盛名的“六朝古都，十朝都会”，与北京、西安、洛阳并称为中国四大古都。南京在历史文化上的独特性，体现在曾多次承担过中华民族救亡图存、走向复兴的历史责任与历史使命。在历史文化的视野下，把南京置于国家民族的历史长河中，探寻这座城市对于中华文明所起到的作用，会发现在中国历史上，没有哪一座城市像南京这样，与中华民族的命运如此紧密地联系在一起。

2500多年的建城史，450年的建都史，使得南京在历朝历代都涌现出许许多多为中华数千年文明作出过重要贡献的杰出人物，他们广泛地活跃在政治、经济、军事、文化、艺术、宗教、科技、曲艺等方面。在这些“立德、立功、立言”的杰出人物的身上，集中体现着中华民族精神的标记，印证着历史人文精神的深邃。虽然这些历史身影已随着逝去的时代而远去，但他们留下的物质或非物质的印记，作为后来者追慕先贤、思索人生、承继前行的路标，仍然是南京乃至中华民族弥足珍贵的文化资源和极其宝贵的精神财富，是中国历史文化脉络的重要组成部分，更是加快南京历史文化名城建设不可或缺的要素。

2014年初夏，南京市政府根据“十二五”规划文化建设中提出的传承创新、推动文化大发展大繁荣的要求，出于充分挖掘、利用南京在历史名人资源方面的优势，彰显南京独特的历史名人文化，进而发挥文化引导社会、教育人民、推动发展的功能，增强民族凝聚力和创造力的目的，要求南京市文化广电新闻出版局及其下属单位在调查研究的基础上，提出切实可行的南京历史文化名人展示工作的实施方案。

客观、科学地界定南京历史文化名人，按不同的时代、不同的系统梳理罗列出来，不是一件容易的事。新成立的南京市博物总馆文化遗产保护研究所具体承担了起草《南京历史文化名人展示工作实施方案》的工作，在经过了近一个月披沙拣金般的梳理与遴选后，研究所的同志们按时交出了一份包括近400位待选的南京历史文化名人小传的征求意见稿。此后，在南京市委、市政府、市政协主要领导的关心与支持下，南京市文化广电新闻出版局就如何实施南京历史文化名人的弘扬与展示工作认真调研，反复斟酌，并召开了多次由市领导与南京大学、南京师范大学、南京博物院等专家学者参加的专题论证会，最终在集思广益达成的共识的基础上，甄选出首批共79位在南京乃至国内外都有一定历史地位、在彰显南京历史文化方面具有一定代表性的南京历史文化名人，并确定了在深入挖掘其内涵的基础上，采用雕塑创作、遗址与博物馆建设、遗迹修缮、深度挖掘出版、文艺创作等5种向全社会推介展示这些南京历史文化名人的方式。

这其中的深度挖掘出版方式，指的是在采撷、整理文献史料的基础上，编辑出版以南京历史文化名人为系列的名人传记或故事，适用于那些历史文献和地方志书中虽有明确记载，对南京历史文化发展也有较大影响，但其相关遗迹、遗存尚不确定的南京历史文化名人，藉以系统地呈现南京历史文化，进一步增强南京文化软实力与综合竞争力。采用深度挖掘出版方式予以宣传推介的南京历史文化名人的人选，包括三国时期的书法家皇象、佛经翻译家支谦，东晋时期的道教学者葛洪、美术家戴逵、名僧暨佛经翻译家法显，南朝刘宋时期的天文学家何承天、史学家范晔、文学家刘义庆，南齐的开国皇帝萧道成、画家陆探微、诗人谢朓、美术评论家谢赫，南朝齐梁时期的文学批评家钟嵘，唐代诗人王昌龄，明代文学家宋濂、学者焦竑、书法篆刻家文彭，明末清初的竹刻艺人濮仲谦，清代文学家方苞，近代建筑设计师亨利·墨菲共计20人。该项工作由南京市文化广电新闻出版局负责。

考虑到社会影响并兼顾大多数人的接受程度，南京市文化广电新闻出版局与南京市博物总馆的主要领导认为《南京历史文化名人系列丛书》的编撰和出版工作应尽可能达到如下几点要求。一是实事求是，科学取舍。要运用历史唯物主义观点和方法收集资料，去粗取精，去伪存真，力求内容的史料性、思想性和资料性的统一。在尊重历史真实的前提下，对涉及政治、民族、宗教等重大敏感问题，在史料取舍与叙述上，谨慎科学处理。二是主题突出，详略得当。在具体的文字内容上，应包括上述各南京历史文化名人的生平事迹、主要成就及其对后世的影响，并尽可能将每个人物的成就及其与南京之间的关系或联系，在书中予以浓墨重彩地展示。三是深入浅出，通俗易懂。丛书的篇幅不宜过长，避免阳春白雪、曲高和寡，编撰行文应言之有物，但在行文中仍然务需严谨、规范，所使用的材料要求有来源、有依据，注重和突出面向大众的宣传、推介效果，争取较强的可读性，力求做到雅俗共赏。四是图文并茂，引人入胜。作为一部介绍历史名人的图书，在诸方面要凸显其文化特点和艺术魅力，每本书宜在行文中都配附一定数量、与书籍内容相关的图片，做到图文并茂，雅俗共赏。

这样一套面向社会大众的普及性质的读物，自然不宜高头讲章般的满是庙堂之气，但学术层面的严谨和求实，也都必须遵循而丝毫马虎不得，因而对于编写工作的要求其实是相当高的，所以寻找合适的作者自然也就成了让人头疼不已的事。在这一方面，南京市博物总馆下辖的文化遗产保护研究所为之付出了艰苦的努力。

我们编纂这套《南京历史文化名人系列丛书》不仅仅是为了让来者见贤思齐，心追范式，更主要是为了让后人通过读史而能自省，深入发掘、总结、提炼中国历史文化中的优秀精神，推动社会主义精神文明和物质文明协调发展，古为今用，洋为中用，把中华民族的优秀传统转变为现实中有生命力、有影响力的东西，从而进一步增强民族自信心和凝聚力，为促进中国特色社会主义文化建设的健康发展，激发全民族文化创新创造活力，不断铸就中华文化新辉煌，尽一份绵薄之力。

鉴于《南京历史文化名人系列丛书》所涉部分历史人物可资参阅的史料极其有限，加之编写时间匆促，本书难免存在这样或那样的缺憾。在此诚恳希望专家读者多加指教，以便有机会再作修改与补充。

2018年3月

目　录

楔　子

南朝萧齐永明九年(491)的春天,28岁的谢朓离开京城建康(今南京市)[1],赶赴荆州治所江陵(今湖北江陵县),就任随郡王、镇西将军、荆州刺史萧子隆文学侍从官。途中,他接受萧子隆教令,创作了《鼓吹曲》十首,其中"颂藩德"的《入朝曲》云:

江南佳丽地,金陵帝王州。
逶迤带绿水,迢递起朱楼。
飞甍夹驰道,垂杨荫御沟。
凝笳翼高盖,叠鼓送华辀。
献纳云台表,功名良可收。

及至1500余年后的2006年2月,百万读者参与、百日斟酌评出、我为评委之一的"南京城市名片"——十张当选名片、十张提名名片正式揭晓,其中,"江南佳丽地,金陵帝王州"入选提名名片……

古往今来,描绘吟诵南京的诗词,多到无法计数,然而荣膺颁奖词为"文人看南京"的这张名片的获奖人,不是李白、刘禹锡、杜牧、韦庄,也不是李煜、王安石、周邦彦、萨都剌,而是谢朓!

与"六朝古都""十朝都会"南京的这种情形相类,古称"江南奥壤"、今称"山水诗城"、我称"山水诗都"的宣城,名头最响的历史人物,竟是担任宣城太守只有短短一年多时间的谢朓与"一生低首谢宣城"的大唐"诗仙"李白。

单言谢朓,宣城城中最著名的人文景观,是历时千余年的谢公楼(近

---

① 本书县及县级以上今地的括注,以2017年底情况为准。

代以来习称谢朓楼），“谢朓楼对于宣城的符号意义，大概就相当于武汉的黄鹤楼、南京的阅江楼、山西永济的鹳雀楼、湖南岳阳的岳阳楼吧。不同的是，上面这些楼都是因为诗文而出名的，唯有宣城的谢朓楼，直接以人为名”①；又宣城城边最著名的自然景观，是“江南诗山”敬亭山，而“宣城谢守一首诗，遂使名声齐五岳”②，即最早使敬亭山闻名遐迩者，是谢朓的《游敬亭山》诗；进而言之，不仅宣城有了谢朓城、谢公城、小谢城等别称，谢朓也被后人习称为“谢宣城”……

然则并无多大权势、品行聚讼纷纭、诗文书法成就卓越、历史记忆可谓深刻、现实影响也堪称广泛、生命却定格在36岁的“名家子”谢朓，究竟是位怎样的人物呢？

当我写下“生命定格在36岁的‘名家子’谢朓”时，我的眼前浮现出同样生命定格在36岁的刘师培（1884—1919）。这是说不清楚缘由、但也自然合理的联想吧：

刘师培，刘文淇曾孙，刘毓崧孙，刘贵曾子，世传《春秋左传》家学，与谢朓一样，为典型之“名家子”；

刘师培8岁学《易》，12岁读完四书五经，并开始学习试帖诗、研究《晏子春秋》，而谢朓“少好学，有美名，文章清丽”③；

刘师培（字申叔）作为经学大师，与章太炎（字枚叔）齐名，遂有“二叔”的说法，谢朓作为山水诗家，与谢灵运并列，遂有“大小谢”的称呼；

刘师培晚年变节，为袁世凯鼓吹帝制，谢朓晚年为了避灾远祸，向齐明帝密告岳父欲反，于是两人的品行，多遭讥评；

刘师培身后，刘氏家学基本断绝，谢朓身后，文学人才云散烟消；

近代学术史的研究，绕不开复杂的近代人物刘师培，六朝文学史的探讨，同样绕不开复杂的六朝人物谢朓……

或许，理解了相对切近、风云变幻的晚清民初及裹挟其中的刘师培，也就理解了已经远去、刀光剑影的刘宋萧齐及沉浮其中的谢朓！

---

① 胡阿祥：《宣城之韩愈前史：江南奥壤，山水诗都》，2015年10月“宣城韩愈国际学术研讨会”提交论文。

② ［唐］刘禹锡：《刘禹锡集》卷二十六《乐府上·九华山歌》，中华书局，1990年版，第347页。

③ ［梁］萧子显：《南齐书》卷四十七《谢朓传》，中华书局，1972年版，第825页。

在这册小书中，我当然无法去说刘师培，建议读者朋友们“自主学习”，如方光华的《刘师培评传》（百花洲文艺出版社，2015年版）、陈奇的《刘师培年谱长编》（贵州人民出版社，2007年版）；然后，再来回望我们的传主谢朓，就或会达致陈寅恪先生所推崇的境界：

> 所谓真了解者，必神游冥想，与立说之古人，处于同一境界，而对于其持论所以不得不如是之苦心孤诣，表一种之同情，始能批评其学说之是非得失，而无隔阂肤廓之论。[①]

学术史的研究与理解是如此，人物传的撰写与阅读也不例外。

① 陈寅恪：《冯友兰中国哲学史上册审查报告》，收入陈寅恪著：《金明馆丛稿二编》，上海古籍出版社，1980年版，第247—249页。

第一章　家世与时代

《南齐书·谢朓传》:“谢朓字玄晖[①],陈郡阳夏人也。祖述,吴兴太守。父纬,散骑侍郎。”这段话涉及谢朓之郡望与家世,而谢朓之显贵郡望与家世浮沉,又与两晋南北朝那个时代的情势密切相关。

一、郡望与侨姓

刘宋大明八年(464),谢朓出生于京师建康(今南京市),具体出生地,或在谢氏世居的乌衣巷(今乌衣巷为当时乌衣巷的一部分),或在建康东郊钟山南麓的谢氏庄宅[②]。萧齐永元元年(499)约八月初,谢朓在建康狱中伏诛。

谢朓既出生于建康,那么“陈郡阳夏人”是什么意思呢?可以说是他的祖籍,更准确地说是他所隶属的谢氏的郡望。

以谢朓生活的时代及其以前来看,先是约在公元前224年,秦国以所取的楚国地置为淮阳郡,治陈县(今河南淮阳县)。西汉高帝十一年(前196)改淮阳国。东汉章和二年(88)改陈国,建安初国除为郡。三国曹魏复为陈国,以曹植为陈王。等到曹植之子曹志徙封济北王,再改陈郡。南朝刘宋时移治项县(今河南沈丘县)。又阳夏县(今河南太康县),除了西晋有段时间属梁郡外,一直为上述的淮阳国、陈国、陈郡属县。

---

① 在旧时文献中,“朓”或作“眺”,“玄晖”或作“元晖”,前者是避宋太祖赵匡胤高祖赵朓之讳,后者是避清圣祖爱新觉罗·玄烨之讳。本书统一作“朓”“玄晖”。

② 唐人李善注《文选》所收谢朓《游东田》诗题云:“朓有庄在钟山,东游还作。”此庄当为谢氏旧业。又据南朝时皇族与贵族官僚多在钟山南麓“东田”一带置业,则谢氏庄宅或亦在“东田”。

“陈郡阳夏”即今河南省太康县这个地方，刘宋泰始二年(466)即谢朓3岁时，就沦陷于鲜卑族拓跋部所建的北魏王朝，而且直到谢朓被杀的499年，也未恢复，所以谢朓应该没有踏足过陈郡阳夏县。但是，对于谢朓以及他所隶属的谢氏来说，“陈郡阳夏”却是非同小可的金字招牌，而这联系着当时高门大族讲究郡望的社会风气。

图1　今河南淮阳县俯瞰

所谓“郡望”，从字面上理解，即显贵的家族世代聚居某地，为当地所仰望；形式上则一般以郡名表示，如弘农杨氏、琅琊王氏、范阳卢氏、陈郡谢氏。有时也写作姓望(姓氏所系之地望)、族望(家族籍贯)、地望等。这种显贵的家族称为郡姓，一般指在全国有影响的郡中大姓、著姓，又其他称法尚多，如望族、世族、世家大族、冠族、甲族、门阀士族、名门、右姓等。他们据以显耀者，“太上有立德，其次有立功，其次有立言，其次有爵为公、卿、大夫，世世不绝”①。也因如此，看重源流成为郡姓的显著特征。这一特征与郡姓的地域观念相结合，便凝成了郡望顽强的继承性与稳定性。

两晋南北朝时代，崇尚郡望蔚成风气，所谓“自世重高门，人轻寒族，竞以姓望所出，邑里相矜”②。郡望作为高贵家族的标帜，在这一时期，以其极为重要的政治、社会意义，广泛影响着家族群体与个人的社会地位、婚媾关系、仕宦前途等各方面。大家族凭借着高贵的郡望，可以顺利无碍

① [北宋]欧阳修、宋祁：《新唐书》卷九十五《高俭传》，中华书局，1975年版，第3841页。
② [唐]刘知几撰，[清]浦起龙通释：《史通通释》“邑里”，上海书店，1988年版，第94页。

地“世仕州郡为冠盖”[①],可以理直气壮地“平流进取,坐致公卿”[②]。进之,注重郡望,在当时又有着不同的表现形式。如支胤繁衍、分房分支后,各房各支在相当长的时间内,保持原来的郡望不变;因为“土地之限制,饥馑之驱迫,疾疫之蔓延,乱离之迁徙,游宦之侨寄,基于种种情状,遂不能不各随其便,散之四方”,然而“人仍多自称其望者,亦以明厥氏所从出也”。[③]具体到东晋南朝,大量“乱离之迁徙”的家族“仍多自称其望”,正是我们理解陈郡谢氏严守“陈郡阳夏”的关键之一。

两晋南朝的陈郡谢氏属于南迁侨姓。如所周知,“八王之乱”及“永嘉之乱”后,西晋败亡,安东将军、都督扬州江南诸军事、琅琊王司马睿则在王导的辅佐下,永嘉元年(307)移镇建邺(313年改建康,今南京市),317年即晋王位,318年称帝,重建晋朝,史称“东晋”。这个立国南方、“正朔”所在的东晋王朝,其政权支柱是南迁侨姓与土著吴姓。南迁侨姓依地理的远近,又有区别。一类是河南郡姓,以路近而多举宗南迁,如琅琊王氏,陈郡谢氏、袁氏、殷氏,汝南周氏、谯郡桓氏、河南褚氏,陈留江氏、阮氏,颍川荀氏、兰陵萧氏、泰山羊氏,这些郡姓的主要房支与南方政权密切结合,迅速或逐渐尊显起来。另一类郡姓距离南方较远,有一部分播迁江左,成为侨姓,另一部分则留居北方原籍,就该郡姓而言,形成南北二支平衡发展的现象,如太原王氏,河东裴氏、柳氏,京兆韦氏。又土著吴姓如吴郡张氏、陆氏、顾氏,会稽孔氏等文化望族,吴兴沈氏等武力强宗,西晋时代由于昔为敌国孙吴及北人轻视南人的社会习惯而少受重用,及至东晋南朝都于建康,在侨吴结合的政策之下,借助于政府的倚靠及地缘力的影响,也一跃成为政府中的重要力量。

具体以言南迁侨姓陈郡谢氏,在东晋南朝时的地位总体可谓显赫。如唐人柳芳有云:“过江则为侨姓,王、谢、袁、萧为大。”[④]王出琅琊,谢、袁出陈郡,萧出兰陵。再以正史列传人物材料为主,以三世任官达五品者为标准,可知两晋南朝时陈郡谢氏五品以上55人、排名第二,虽与五品以上

① [南朝宋]范晔:《后汉书》卷六十六《王允传》,中华书局,1965年版,第2172页。

② 《南齐书》卷二十三“史臣曰”,第438页。

③ 岑仲勉:《唐史余瀋》卷四“唐史中之望与贯”,中华书局,1960年版,第229页。

④ 《新唐书》卷一百九十九《儒学·柳冲传》,第5677—5678页。

133人、排名第一的琅琊王氏差距较大，还是颇胜过五品以上45人、排名第三的吴兴沈氏；而若分开来看，则东晋排名前四位的郡姓为琅琊王氏、陈郡谢氏、颍川庾氏、太原王氏，刘宋为琅琊王氏、吴兴沈氏、陈郡谢氏、吴郡张氏，陈朝又变为吴郡陆氏、琅琊王氏、吴兴沈氏、汝南周氏。[①]如此，陈郡谢氏的地位以东晋时最高，然后逐渐走低，经历南朝宋、齐、梁、陈，“暨陈之末，诸谢渐微，唐代无入相者”[②]。

二、谢朓家世

谢朓生活在陈郡谢氏地位已经开始走低的刘宋、萧齐时代。追溯谢朓的直系祖先，由近及远的世系排列是这样的：谢朓—谢纬—谢述—谢允—谢据—谢裒—谢衡—谢缵。清人周嘉猷的《南北史世系表·谢氏》也以谢缵为一世，并说：“陈郡谢氏，阳夏人，不知所本。晋有豫章太守鲲、太常卿裒最知名。”今即以此为线索，略述谢朓家世。

谢朓七世祖是谢缵。当然，若从谢姓起源来说，那是可以追到周朝的。周宣王时(前827—前782)，申伯“作邑于谢”，谢邑在今河南南阳市东南，或说在今河南罗山县西北。后来其子孙便以谢为姓。只是这样的远古记忆，大概没有什么现实意义，陈郡谢氏确切可知的最早一位人物还是谢缵。谢缵为三国曹魏的典农中郎将，掌管屯田事务，秩二千石，地位虽然不低，相当于郡太守，但史书中无传，所以事迹可能不多。

谢朓六世祖是谢衡。谢衡在史书中也未单独立传，整理零散的记载，其事迹主要见于西晋武帝太康年间尤其是惠帝一朝。先为国子博士，再为国子祭酒。《晋书·职官志》：“咸宁四年，武帝初立国子学，定置国子祭酒、博士各一人，助教十五人，以教生徒。博士皆取履行清淳，通明典义者。”国子学既是培养“国之贵游子弟”的国家最高教学机构，其对师资的要求自然十分严格。谢衡有“硕儒”的美誉，“以儒素显”，“博物多闻”，所

---

① 参考胡阿祥：《中古时期郡望郡姓地理分布考论》，《历史地理》第11辑，1993年。

② [清]周嘉猷：《南北史世系表》卷一，第36页，收入《二十五史补编》第五册，中华书局，1955年版。

以能为国子博士，并晋为国子祭酒，且为最终职务。国子祭酒作为国子学的“学长”，是当时学术地位最高、最具学术权威的职位。谢衡后来又兼太子少傅、散骑常侍，前者参掌太子东宫事务，负有监护、辅导太子之责，后者侍从皇帝左右，谏诤得失，顾问应对。

谢朓五世祖是谢裒。《晋书·谢安传》说谢裒为太常卿，《世说新语·方正》注引《永嘉流人名》说谢裒为吴国内史、吏部尚书、侍中。太常卿掌管宗庙祭祀礼仪，吴国内史掌管吴国（治今江苏苏州市）地方民政，吏部尚书主管官吏铨选、考课奖惩，侍中则为常侍皇帝左右的侍中省长官。然而谢裒在史书中仍未单独立传，说明可记的事迹不多，相对而言，谢裒的最大“贡献”，还在于他生养了一批杰出的儿子：安西将军谢奕，谢据，说不尽的谢安，西中郎将谢万，卫将军谢石，永嘉太守谢铁。

谢朓四世祖（高祖）谢据、三世祖（曾祖）谢允，史书所见事迹都颇简略。谢据仕历不详，33岁去世，夫人为太原王韬之女王绥。长子谢朗“文义艳发”，童幼便善玄言，仕至东阳太守（治今浙江金华市）；次子谢允仕至宣城内史（治今安徽宣城市）。

谢朓祖父谢述（390—435），《宋书》有传。谢述为谢允四子，“美风姿，善举止”，“以节义流誉”。东晋末年为太尉刘裕参军，因功封吉阳县五等侯。入宋，历仕中央与地方（长沙内史、武陵太守、南郡太守），不仅“才应详练，著于历职”，而且“莅官清约，私无宅舍”，以此颇为宋武帝刘裕、宋文帝刘义隆、刘裕四子彭城王刘义康所重，恩遇有加。谢述终于吴兴太守任上，“在郡清省，为吏民所怀”。

谢朓父亲谢纬与两位伯父谢综、谢约，附见《宋书·谢述传》：

> 综有才艺，善隶书，为太子中舍人，与舅范晔谋反，伏诛。约亦坐死。纬尚太祖第五女长城公主，素为约所憎，免死徙广州。孝建中，还京师。方雅有父风。太宗泰始中，至正员郎中。①

然则谢朓家世一路波澜不兴地叙述到这里，可谓突然血雨腥风扑面而来：一方面，谢述泽被后代，长子谢综为东宫“清官”太子中舍人，次子谢约娶

① 谢纬所任“正员郎中”，“中”字衍，“正员郎”即《南齐书·谢朓传》所载“父纬，散骑侍郎”。《通典》卷二十二《职官四》：“历代所称正员郎者，即散骑侍郎耳。”［唐］杜佑：《通典》，中华书局，1988年版，第606页。

彭城王刘义康女，三子谢纬尚文帝五女长城公主，真是满门贵胄，另一方面，谢纬大概因为“尚公主”的恩荣，却为两位兄长妒恨；一方面，由于卷入所谓的范晔“谋反”案[①]，谢综、谢约惨遭诛杀，另一方面，谢纬虽因不党二兄、不与同谋且“尚公主”免于一死，却也难免受到物议。又具体说到我们的传主谢朓，曾经荣盛的祖父谢述一门，竟然落得两位伯父被诛、自己父亲遭贬的境地，这样的家庭悲剧带给谢朓的创伤，是可以想见的；而更令谢朓难以承受的是，振兴家门、起码维持家门不坠的重任，竟然完全落在作为谢纬独子的他一人的肩上[②]……

表1　谢朓五服世系表

四世	三世	二世	一世	平辈	子辈
谢据	谢朗	谢重	谢绚	谢世基	
			谢瞻		
			谢晦	谢世休	
			谢皭	谢世平	
			谢遯		
	谢允	谢裕	谢恂	谢孺子	谢璟
		谢纯			
		谢虘			
		谢述	谢综		
			谢约		
			谢纬	谢朓	谢谟

三、谢氏家风与谢鲲南迁

谢朓的双肩担得起振兴家门、起码维持家门不坠的重任吗？如果我

① 范晔(398—446)，南阳顺阳(今河南淅川县南)人，《后汉书》作者，家世业儒习史。曾为彭城王刘义康参军。迁尚书吏部郎，左迁宣城太守。后累迁至左卫将军、太子詹事。元嘉二十二年(445)，有人告发他与孔熙先等密谋迎立刘义康为帝，乃以谋反罪名，下狱被诛。刘义康被废为庶人。又范晔姐为谢述妻，即谢综、谢约、谢纬母，谢朓祖母。

② 谢综、谢约子嗣，于史无考，当是无子。

们了解了南迁侨姓陈郡谢氏的家风，再将这样的家风置于谢朓生活的那个时代，便能得出一个基本的认知：难！这也注定了谢朓是位悲剧性的人物！

谢氏家风是怎样的？《南史》卷十九"论曰"："谢氏自晋以降，雅道相传"；萧华荣则就此发挥道：

> "雅道相传"四字甚好。"雅道"是一种精神文化面貌，"相传"正是现代所说的文化传承……谢氏"雅道相传"的名士家风、庄老心态，在行为上大抵外现为以下数端：适情悦意的生活理想；"朝隐"的处世态度；讲究风神仪表；向往山水风月；爱好文学；又上述种种熔铸而成的山水诗的"合金"。[①]

我想，熟悉谢朓的朋友，读到这里，当有会心的首肯：谢朓的总体轮廓，这不已经大略成型了吗？这就是家族氛围的浸润吧。然而据上节所述，谢衡本为"硕儒"，可说与名士家风、庄老心态基本不搭；又谢衡宦迹都在北方，谢裒开始、包括谢朓在内，谢氏宦迹基本都在南方。这些是怎么回事呢？问题的关键在谢鲲。谢鲲(281—324)是谢朓六世祖谢衡的长子、谢朓五世祖谢裒的长兄，他既奠定了陈郡谢氏传承久远的名士家风，也开启了陈郡谢氏成为南迁侨姓的先河。

先说谢鲲奠定陈郡谢氏家风。

谢鲲是首位在"正史"中立传的陈郡谢氏成员，《晋书》有《谢鲲传》，而与谢鲲合传者，不计附传，为阮籍、嵇康、向秀、刘伶、胡毋辅之、毕卓、王尼、羊曼、光逸。排在谢鲲前面的阮、嵇、向、刘四位，为大名鼎鼎的"竹林名士"，他们以崇尚老庄、善谈玄理、重自然、轻名教、痛饮酒为特征；连同谢鲲、除了王尼的6位，名气也不小，他们在西晋末年侨徙南方，皆以放浪形骸、散发豪饮为风格，时人称为"八达"。作为迹近"竹林"、列名"八达"的谢鲲，其为何等人物，由此《晋书》类传，也就可想而知了，比如《晋书·谢鲲传》记载：

> 长沙王乂入辅政，时有疾鲲者，言其将出奔。乂欲鞭之，鲲解衣

① 萧华荣：《华丽家族——两晋南朝陈郡谢氏传奇》，生活·新知·三联书店，1994年版，第7—8页。

就罚，曾无忤容。既舍之，又无喜色。太傅东海王越闻其名，辟为掾，任达不拘，寻坐家僮取官稿除名。于时名士王玄、阮修之徒，并以鲲初登宰府，便至黜辱，为之叹恨。鲲闻之，方清歌鼓琴，不以屑意，莫不服其远畅，而恬于荣辱。

邻家高氏女有美色，鲲尝挑之，女投梭，折其两齿。时人为之语曰："任达不已，幼舆折齿。"鲲闻之，慠然长啸曰："犹不废我啸歌。"

这样"清歌鼓琴""恬于荣辱"、无视礼法的谢鲲，与其饱学纯正、熟谙礼仪、循规蹈矩的父亲谢衡，真是大相径庭。身为国子祭酒的"硕儒"谢衡，竟然犹如贾政之于贾宝玉，引导不了、管教不好自己的儿子，这就是具有更大影响的时代风气吧。怎样的时代风气呢？所谓"元康以来，贱经尚道，以玄虚宏放为夷达，以儒术清俭为鄙俗"，所谓"惠帝元康中，贵游子弟相与为散发倮身之饮，对弄婢妾，逆之者伤好，非之者负讥"[①]，而谢鲲作为"元康玄风""元康放达"新潮中颇称突出的一位，同样"不修威仪，好老庄，能歌善鼓琴"，也是"优游寄遇，不屑政事"而纵意于"一丘一壑"之间，甚至挑逗美女、被砸折齿后，他仍潇洒自得地"慠然长啸"[②]，于是流而衍之，"名士"谢鲲遂奠定了此后"雅道相传"的谢氏家风……

再说谢鲲开启谢氏南迁先河。

1964年9月10日，在南京中华门外戚家山北麓半山坡的残墓中，出土了石质的《谢鲲墓志》：

晋故豫章内史陈国阳夏谢鲲幼舆，以泰宁元年十一月廿八[③]亡，假葬建康县石子岗，在阳大家墓东北四丈。妻中山刘氏。息尚，仁祖。女真石。弟裒，幼儒。弟广，幼临。旧墓在荧阳。

这方墓志透露的信息很多，如"假葬建康县""旧墓在荧(荥)阳"，说明东晋太宁元年(323)时的南迁陈郡谢氏，仍然想着回归北方故土，而参照同属

---

① [唐]房玄龄等：《晋书》卷七十《应詹传》，中华书局，1974年版，第1858页；《晋书》卷二十七《五行志》，第820页。元康，291—299年。

② 与谢鲲挑女折齿相"媲美"者，又有此前竹林名士阮籍风流而不下流的一桩韵事。《世说新语·任诞》："阮公邻家妇，有美色，当垆酤酒。阮与王安丰常从妇饮酒，阮醉，便眠其妇侧。夫始殊疑之，伺察，终无他意。"[南朝宋]刘义庆撰，徐震堮校笺：《世说新语校笺》，中华书局，1984年版，第393页。

③ 按阳历为324年1月10日。

陈郡谢氏的东晋义熙三年(407)谢球墓志之“安厝丹杨郡秣陵县赖乡石泉里牛头山”、刘宋永初二年(421)谢琉墓志之“安厝丹杨郡江宁县赖乡石泉里中”,则晋末宋初的陈郡谢氏已经接受了安处南方的事实。安处南方的哪些地方呢?如果排除位于江淮之间、属于军事冲要的豫州,那么最重要者当推以豫章(今江西南昌市)、建康(今南京市)、会稽(今浙江绍兴市)三地为中心的区域:

图2 《谢鲲墓志》拓本

> 豫章为谢氏家族积聚力量与影响的发祥之地,豫州则是谢氏家族真正崛起的最初基础。依靠在豫州的方镇实力,谢氏家族得以对建康亦即东晋中央政府施加影响,建立起谢氏家族的威望;得以在会稽购田置地,殖产兴业,维系整个家族的发展。而仕宦于建康中央的家族成员,也必须以强有力的豫州方镇为后盾,才能巩固其在中央朝廷的地位。会稽一带可以看作谢氏以及其他侨姓家族成功发展的一个标志,一流侨姓家族都在这里拥有规模宏大的庄园经济。[①]

然则陈郡谢氏率先南迁豫章者,正是谢鲲。

依据《晋书·谢鲲传》的记载并参考黄惠贤所撰《谢鲲年表》[②],永嘉四年(310),执掌朝政的东海王司马越再度起用谢鲲为参军事,谢鲲“以时方多故,乃谢病去职,避地于豫章”。所谓“时方多故”,盖其时“八王之乱”虽已结束,“五胡乱华”狼烟正炽,京师洛阳饥困日甚,朝廷内部勾心斗角,面对如此无可救药的情势,本就“通简有高识”而又“任达不拘”的谢鲲,于是托病辞职,携家带口奔向南方。次年三月,司马越在忧愁恐怖中病死,谢

① 胡阿祥:《东晋南朝侨州郡县与侨流人口研究》,江苏教育出版社,2008年版,第348页。
② 黄惠贤:《谢鲲年表》,《魏晋南北朝隋唐史资料》第13辑,武汉大学出版社,1994年版。

鲲也在这年的五六月里落户豫章。谢鲲后来历为王敦左将军府、征南大将军府、大将军府长史(相当于助理),封咸亭侯,最终卒于豫章内史任上。

有意思的是,来到南方、重新开始仕途的谢鲲,在担任旧友王敦长史的过程中,时时心存社稷,屡次劝阻王敦的不臣之迹与过分之举;及至王敦不耐烦中打发他到豫章做内史,任职豫章内史实际不到两年(约332年农历四月—323年农历十一月)的谢鲲,竟也获得了“莅政清肃,百姓爱之”的评价。谢鲲逝世后,东晋明帝“追赠太常,谥曰康”,赐葬首都建康,这样的身后待遇可谓荣宠。而据《谢鲲墓志》,为他营葬建康的家人,有妻子中山刘氏、儿子谢尚、女儿谢真石、弟弟谢裒与谢广。后来,谢尚承袭父亲爵位,仕至豫州刺史;谢真石与褚裒的女儿褚蒜子为东晋康帝司马岳皇后,并历经六任皇帝、三度称制,凡40年;谢裒上文已述,谢广曾为尚书。要之,由谢鲲开启了南迁先河的陈郡谢氏,从此在东晋南朝的南方大地,开枝散叶、支胤繁衍,建功立业、起伏兴衰,这就一路走到了谢朓及其时代……

四、谢朓生活的时代

阿拉伯谚语有云:“与其说人如其父,不如说人酷似其时代。”

具体以言谢朓,既“人如其父”即浸润在谢氏家风中,谢氏家风以及谢朓也“酷似其时代”。

从谢朓七世祖、三国曹魏典农中郎将谢缵开始,到“暨陈之末,诸谢渐微”,陈郡谢氏贯穿了国史所谓的“魏晋南北朝”时代。魏晋南北朝是个怎样的时代? 是铁马秋风、壮阔的北方与杏花春雨、如梦的江南的对抗,是到处刀光剑影的战争、时常改朝换代的场景,那是血与火凝结成的一段乱世;是民族兴衰、人口迁移、门阀政治、阶层歧视的社会,是百家争鸣、儒玄佛道、嗜酒服毒、行为怪诞的士人,那是泪水与笑声搅拌成的一个异象。

从谢朓五世祖谢裒西晋末年随兄谢鲲迁居南方,到谢裒三子谢安的后代、陈朝招远将军谢贞,“雅道相传”的陈郡谢氏的血与火、泪水与笑声,主要流淌、回响在南方的东晋南朝。“雅道相传”是种文化精神,这种文化精神又是东晋南朝文化的亮点与重彩。东晋南朝的文化面貌,是人性觉醒、自由争辩的多元文化,是儒、玄、佛、道四家并立、相互影响,是文史阴阳地位上扬、兼容发展,是玄学思潮化、清谈时尚化、佛教中土化、道教官方化。至于东晋南朝文化取得的成就,卞孝萱师着眼思想文化的演变指出:"西晋末年,黄河流域的文化移植到长江流域,并有极大的发展。就文学艺术说,西晋以前,不离古拙的作风;自东晋起,进入新巧的境界。就经学、哲学、宗教说,西晋以前,不离拘执不开展的作风;自东晋起,无拘执地开展了起来。在玄学和佛、道思想大肆传播的同时,唯物主义思想也在发展,并与唯心主义思想进行辩论。"[①]又韩国磐曾有这样的概括:"述文事则二陆为吴郡之英,陶谢乃晋宋之杰,沈范则领袖风骚,徐庾则专擅文彩。四声八病,始发明于江左;文选文心,均载誉于千年。至于书尊逸少,画赞虎头,咸称绝作,雄踞艺苑……"[②]然则在这诸多的成就与描述中,谢朓又是其中的亮点与重彩,"新巧的境界""文事""四声八病""文选文心"云云,都有谢朓的身形与作品。

从刘宋大明八年(464)到萧齐永元元年(499),这是谢朓一生经历的短短的36年。在今人的眼中,谢朓是位以山水诗卓立的"文人";其实回到谢朓生活的时代,他的职业仍是"官人",且是与皇家关系复杂、卷入宫廷矛盾颇深、或在中央或在地方的"官人"。那么,谢朓时代的政局又是怎样的呢?仅以他所经历的两个朝代、十任皇帝为例,即可见出一斑:

宋前废帝刘子业,孝武帝刘骏长子。464年闰五月即位,荒淫凶悖。465年十一月,湘东王刘彧令帝近侍寿寂之杀之;

宋明帝刘彧,文帝刘义隆第十一子。465年十二月至472年四月在位。即位初,尽杀孝武帝二十八子。晚年又虑太子稚弱,剪除诸弟殆尽;

宋后废帝刘昱,明帝刘彧长子。472年四月即位,好杀成性。477年七月,中领军萧道成杀之;

宋顺帝刘準,明帝刘彧第三子。477年七月即位,479年四月被迫禅位于萧道成,出宫之日泣曰:"愿后生世世不复生帝王家。"寻被杀,宋亡。

---

① 卞孝萱:《开展六朝研究的几点思考》,《南京大学学报》2001年第2期。

② 韩国磐:《略言六朝之盛》,收入江苏省六朝史研究会编:《六朝史论集》,黄山书社,1993年版,第1页。

齐高帝萧道成，479年四月至482年三月在位。博学有文采，工草、隶，身不御精细之物；

齐武帝萧赜，高帝萧道成长子。482年三月至493年七月在位；

齐郁林王萧昭业，武帝萧赜皇太孙。493年七月即位，肆意挥霍，库钱垂尽。494年七月为西昌侯萧鸾所杀；

齐海陵王萧昭文，萧昭业弟，494年七月至十月在位，旋即为萧鸾废杀；

齐明帝萧鸾，高帝萧道成侄。494年十月至498年七月在位。猜忌多虑，大肆诛杀高帝、武帝子孙诸王；

齐东昏侯萧宝卷，萧鸾第二子。498年七月即位，委任群小，诛杀宰臣。501年三月为兵变将领所杀。随后经过短暂的齐和帝萧宝融（501年三月至502年三月），502年四月萧衍接受禅让，齐亡，梁朝建立。

据上罗列，大体除了479年至493年即谢朓16岁至30岁这段时间政局较为平稳外，其他的20来年，朝政真可谓血雨腥风，如此，我们当能对处身其间的谢朓，生发一种“理解的同情”了吧……

第二章　仕历与品行

关于谢朓的生平行实，先有梁朝萧子显的《南齐书·谢朓传》，后有初唐李延寿的《南史·谢朓传》，两者虽然大同小异，还是颇具对照价值。盖萧子显（489—537）出身萧齐皇室（齐高帝孙），所以《南齐书》中曲笔之处、隐晦之文较多；而李延寿既以后人的身份作史，当然就少了些回护与忌讳，因此《南史》更加真实。这种情况也存在于两篇《谢朓传》中，如《南史》本传所记谢朓死事的刘暄告密、谢朓临终叹息的“天道其不可昧乎”，即不见于成书在先的《南齐书》本传。

职是之故，本章以《南齐书·谢朓传》为主，以《南史·谢朓传》为辅，参考李猛、曹旭所撰《谢朓年谱汇考》[①]，先以“目”为序，梳理谢朓之生平特别是其仕历，以见谢朓一生之宦迹及其所奉之主，再就其中四个涉及谢朓“品行”评价的关键问题，展开必要的辨析。

一、宦迹与奉主

1.《南齐书·谢朓传》（以下简称《南齐书》本传）：“朓少好学，有美名，文章清丽。”

如上所述，谢朓父谢纬，泰始中至散骑侍郎；母宋文帝刘义隆第五女长城公主。作为皇家驸马、谢氏名门，谢纬仅为五品的散骑侍郎，官品显然低了一些，这当与范晔“谋反”案的牵连有关，即谢纬虽然免死，仍被远

① 李猛、曹旭：《谢朓年谱汇考》（以下简称《汇考》），收入范子烨编：《中古作家年谱汇考辑要（卷三）》，世界图书出版西安有限公司，2014年版，第33—114页。

徙广州近10年，回到京师后也是“沉沦不起”；甚至“长城公主”的封号也透露了其中消息，因为按照制度，公主是封郡的，然而“长城公主”却以长城县（今浙江长兴县）封，实际降等成了诸王之女所封的“县主”。又仕途坎坷的谢纬与封号降等的长城公主之独子谢朓，可能还是这对夫妻老来得子，而且谢纬可能在谢朓童年时即已去世，长城公主可能在谢朓青年入仕前即已亡故。①

综合以上家庭情况并以古今事例推之，一方面，估计谢朓的身体不会很好，抑或较为孱弱，性格有欠开朗，或者有些压抑；另一方面，因为谢朓乃是谢述一支留存的独子，所以肯定颇得父母疼惜而且悉心培养，谢朓之“少好学，有美名”当即与此有关。

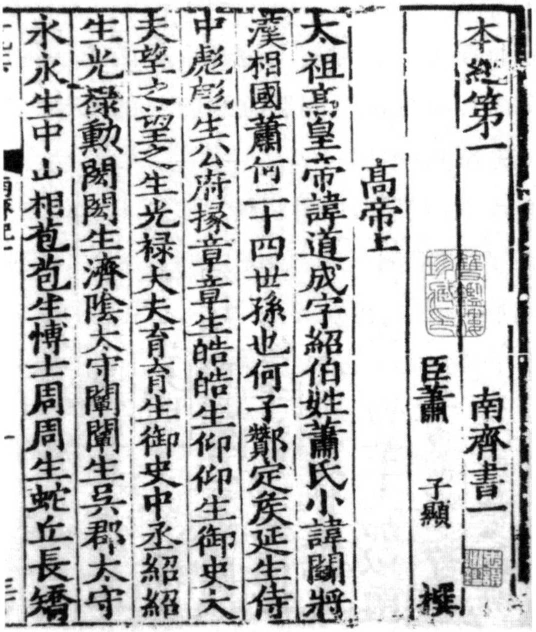
本紀第一　南齊書一
高帝上　臣蕭子顯　撰
太祖高皇帝諱道成字紹伯姓蕭氏小諱鬭將
漢相國蕭何二十四世孫也何子酇定侯延生侍
中彪彪生公府掾章章生皓皓生仰仰生御史大
夫望之望之生光祿大夫育育生御史中丞紹紹
生光祿勳閎閎生濟陰太守闡闡生吳郡太守
永永生中山相苞苞生博士周周生蛇丘長矯

图3　宋刻宋元明初递修本《南齐书》书影

2.《南齐书》本传：谢朓“解褐豫章王太尉行参军，度随王东中郎府，转王俭卫军东阁祭酒、太子舍人，随王镇西功曹，转文学”。

所谓“解褐”，就是脱下平民所穿的衣服，换上官服，也就是入仕了。《梁

① 据《汇考》第42页、第46页、第50页，长城公主生谢朓时，已经年近40，则谢纬当已过不惑之年；又谢朓5岁前后时，谢纬卒于散骑侍郎任上，而据谢朓入仕后未有母忧去职的记载，则其入仕前，母亲当已亡故。

书·武帝纪》载天监四年(505)诏:“今九流常选,年未三十,不通一经,不得解褐。”又《梁书》卷十四“姚察曰”:“近世取人,多由文史。”齐建元四年(482),19岁的谢朓解褐入仕,说明他已不仅“有美名,文章清丽”,而且具备了一定的经学修养。又约在此前一年,谢朓与寻阳郡公王敬则之女结婚。

从19岁为豫章王太尉行参军,到30岁离开随王文学任,谢朓的官职凡六变,其所奉之主又皆非等闲之人:

谢朓19岁到23岁时,为豫章王太尉行参军。豫章王萧嶷(444—492),齐朝开国皇帝萧道成第二子。起家宋太学博士、长城县令。萧道成479年开国伊始,即封萧嶷为豫章王,次年又为中书监、司空、扬州刺史。482年太子萧赜即位(武帝),旋即授萧嶷为太尉,可见对其信任与重用。483年又领太子太傅。萧嶷宽仁弘雅,治民有术,颇得朝野欢心。谢朓482年至486年所任“太尉行参军”,为太尉府僚属,品秩不高,约在七品、八品[①],又谢朓所任“行参军”未署曹职,可能没有什么具体职事,盖意在官场的历练。

谢朓23岁到25岁时,在随王萧子隆东中郎将府。随王萧子隆(474—494),武帝萧赜第八子。482年由枝江公晋封随王,486年为持节、督会稽东阳新安临海永嘉五郡,东中郎将、会稽太守。谢朓486年至488年任职萧子隆东中郎将府,具体职务仍然不详,估计为参军、记室一类侍从官。萧子隆颇有文才,萧赜比之为“我家东阿”,“东阿”即曹操第三子曹植,曹植曾封东阿王;谢朓则“文章清丽”,故此甚得萧子隆赏识。又在此期间,萧赜第二子、竟陵王、司徒萧子良在鸡笼山开西邸,招集文学才俊,诗歌唱和,谢朓经常出入其中,并与萧衍、沈约、王融、萧琛、范云、任昉、陆倕一起,被号为“竟陵八友”。

谢朓25岁到26岁时,任王俭卫将军府东阁祭酒。王俭(452—489)为东晋丞相王导之后,宋时起家秘书郎,尚宋明帝刘彧阳羡公主。宋齐禅让过程中,王俭有佐命之功。入齐,迁尚书左仆射,领吏部,与司徒褚渊共受遗诏辅太子萧赜。萧赜即位,为侍中、尚书令,后进号卫将军,再领国子祭

---

① 谢朓从入仕到殁世,皆在萧齐一朝,然而齐朝官品多难确认。阎步克根据《齐职仪》佚文比勘《通典》所载晋宋官品,认为“南齐基本上沿用了晋宋官品,晋宋齐三朝官品大致一脉相承”(阎步克:《品位与职位——秦汉魏晋南北朝官阶制度研究》,中华书局,2002年版,第295页),本书有关谢朓官品亦多据此原则推测。

酒、太子少傅，488年授开府仪同三司，489年改领中书监，五月病卒。王俭熟谙文献，精通朝仪，提倡儒学，参掌选事，“士流选用，奏无不可”。王俭又“常谓人曰：‘江左风流宰相，唯有谢安。’盖自比也”。[①]谢朓488年至489年五月所任王俭卫将军府东阁祭酒，约为七品官，而考虑到485年朝廷就“于俭宅开学士馆，悉以四部书充俭家，又诏俭以家为府”[②]，则谢朓这位东阁祭酒的主要职守，乃是“接对贤良，导引宾客”，即帮助主人王俭迎来送往。

图4　齐武帝萧赜景安陵石兽（朱偰摄于20世纪30年代）

谢朓26岁到27岁时，为太子舍人，所奉太子为萧长懋。萧长懋（458—493），武帝萧赜长子。479年封南郡王，482年立为皇太子，卒谥文惠太子。萧长懋姿容丰润，礼接文士，究心《孝经》，好尚佛教，善制珍玩之物，宫室奢侈华丽。萧长懋颇厌恶其堂叔、后来的明帝萧鸾，认为萧鸾乃“德薄”之徒，“后明帝立，果大相诛害”。489年五月王俭病卒，应该在此后不久，谢朓转为太子舍人。太子舍人为太子东宫属官，“宋有四人，齐有一人，梁有十六人，掌文记”[③]，可见齐时太子舍人虽然仅为七品，但仍职显位

① 《南齐书》卷二十三《王俭传》，第436页。
② 《南齐书》卷二十三《王俭传》，第436页。
③ 《通典》卷三十《职官十二》，第827页。

重，而且因为此职多由高门甲族有才学者担任，所以又具清美之誉。

谢朓27岁至30岁，先为随王萧子隆镇西将军府功曹参军，后转文学。490年八月，随王萧子隆为使持节，都督荆、雍、梁、宁、南北秦六州，镇西将军、荆州刺史，谢朓也改任镇西将军府功曹参军。此功曹参军掌纠驳献替，七品。但因荆州治所江陵府舍在前任荆州刺史、巴东王萧子响叛乱中被毁，修缮尚需时日，所以谢朓未随萧子隆赴任，而是羁留京城建康，并于羁留期间改任文学。所谓“文学”，据《南齐书·百官志》“诸王，师、友、文学各一人”，六品，主要执掌校雠典籍、侍从文章。491年春，谢朓离开建康，赴任随王文学，直到493年夏。在这两年多的时间里，谢朓与萧子隆及其僚友过从甚密，谢朓以其文才，“尤被赏爱”。493年夏，谢朓奉武帝萧赜敕令，回到建康。

3.《南齐书》本传：谢朓“迁新安王中军记室……寻以本官兼尚书殿中郎……高宗辅政，以朓为骠骑谘议，领记室，掌霸府文笔。又掌中书诏诰，除秘书丞，未拜，仍转中书郎”。

从30岁到32岁，谢朓在京城建康的官职多变，不变者则是与“上司”萧鸾(452—498)的密切关系。

先是493年七月，武帝萧赜驾崩，遗诏竟陵王萧子良、西昌侯萧鸾辅政，萧长懋(文惠太子)长子萧昭业(473—494)继位。八月，迁萧鸾为尚书令。十一月，萧长懋次子、临汝公萧昭文封新安王，为中军将军。494年四月萧子良去世，闰四月萧昭文迁扬州刺史，中军将军如故。七月，萧鸾废杀萧昭业，迎立萧昭文(480—494)，萧鸾为骠骑大将军、录尚书事、扬州刺史、宣城郡公。十月，萧鸾为太傅、大将军、扬州牧、宣城王，旋即废除萧昭文，自立为帝(明帝)。

与此相对应，493年十一月至494年闰四月，谢朓任新安王萧昭文中军将军府记室参军，七品，职掌起草文疏表奏。又约494年初至七月兼任尚书殿中郎，为尚书令萧鸾属官。此尚书殿中郎位在尚书诸郎之首，六品，多由文士担任，主理起草文书。及至494年七月，谢朓既为萧鸾骠骑大将军府谘议参军(五品)，职掌谘询谋议军事，又领“掌霸府文笔”[①]的记室

① “霸府”谓控制朝政、准备称帝的权臣的府署。

参军，亦即兼任了文武二职。再到萧鸾494年十月称帝后，谢朓先以长兼中书郎的职位"掌中书诏诰"，再任秘书丞(六品)而未及拜受，转任中书郎(五品)。按长兼中书郎、中书郎为中书省职位，中书郎员额四人，五品，主掌诏诰，"长兼"作为一种任职方式，虽然秩位稍低于正员，职守则与正员相差无几。简而言之，萧鸾即位之前、谢朓所掌"霸府文笔"，萧鸾即位之后、谢朓所掌"中书诏诰"，性质都属于萧鸾的"笔杆子"，而萧鸾对谢朓的信任及对谢朓文学才华的肯定，由此可见。

4.《南齐书》本传：谢朓"出为宣城太守，以选复为中书郎。建武四年，出为晋安王镇北谘议、南东海太守，行南徐州事。启王敬则反谋，上甚嘉赏之。迁尚书吏部郎……下狱死。时年三十六"。

从32岁到36岁，谢朓两次出任地方长官，又两次返京任职，并在京城下狱诛死。

495年，谢朓先在中书郎任上，及至暮春时节，出任宣城太守(五品)，496年秋实际卸任。宣城郡隶属南豫州，治宛陵(今安徽宣城市)，下辖宛陵、广德、怀安、广阳、石城、临城、宁国、宣城、建元、泾、安吴十一县，实际辖地约当跨江南北的南豫州近半，号称"近畿大郡"。明帝萧鸾以谢朓为宣城太守，可见其对谢朓的信重并未稍减。

496年秋，可能是为了奉祀南岳(今湖南衡山)，谢朓接受临时差遣，"忝役湘州"[①]。虽然最后是否成行难以考证，但因此离开宣城，并于本年冬回京再任中书郎，则确切无疑。

497年，谢朓由中书郎出为晋安王镇北谘议、南东海太守，行南徐州事。晋安王指萧鸾长子、晋安王萧宝义。495年，萧宝义为使持节、都督南徐州军事、镇北将军、南徐州刺史。因为萧宝义"少有废疾，不堪出人间"[②]，所以萧鸾特别安置谢朓辅佐，此即谢朓身兼镇北将军府谘议参军、南东海太守、行南徐州事三职的缘故。谘议参军前文已述；南东海郡治郯县(今镇江市)，领郯、祝其、襄贲、利成、西隰、丹徒、武进七县；南徐州镇京口(今镇江市)，领南东海、晋陵、义兴、南琅琊四个实土郡以及临淮、淮陵

① 此事不见于史传，然据谢朓《忝役湘州与宣城吏民别》诗，应该可证。

② 《南齐书》卷五十《巴陵隐王宝义传》，第863页。

等十二个侨郡，有“因山为垒，望海临江，缘江为境，似河内郡，内镇优重”的重要军事地位，以及“宋氏以来，桑梓帝宅，江左流寓，多出膏腴”的特殊政治地位[①]，至于谢朓之“行南徐州事”，盖以镇北谘议参军（五品）、南东海太守（五品）代行南徐州刺史职位，权力可谓颇大。[②]

498年四月，谢朓以“启王敬则反谋”，迁任尚书吏部郎，六月前后回京就职。尚书吏部郎职主选举，五品，有“妙于时选”“清通为首”的美誉，谢朓曾四次上表推让。及至499年八月，因在始安王萧遥光谋逆事件中进退失据，谢朓下狱受诛，终年36岁。

以上依据《南齐书》本传，以年为序，简要交代了谢朓的生平特别是其仕历、宦迹及其所奉之主。可以看出，随王萧子隆、明帝萧鸾是谢朓前后服务过的两位最重要的“上司”，举发王敬则谋反、下狱受诛则是谢朓政治生命中两个最关键的事件，而且这两位“上司”、这两个事件，还特别关系到谢朓的“品行”评价。其实这样的判断，如果证以《南齐书》与《南史》本传，就更加清楚了：在这两篇各千余字的传记中，与此相关的文字分别占了约70%、约80%的篇幅，可见在史臣萧子显、李延寿看来，这也是谢朓个人政治“史记”中最值得关注的焦点。

表2　谢朓仕历年表

年月	官职	品位	直接上司
482年—486年	太尉行参军	七品或八品	豫章王萧嶷
486年—488年	东中郎将府侍从		随王萧子隆
488年—489年五月	卫将军府东阁祭酒	七品	卫将军王俭
489年五月后—490年八月	太子舍人	七品	太子萧长懋
490年八月—491年春前	镇西将军府功曹参军	七品	随王萧子隆
491年春—493年夏	随王文学	六品	随王萧子隆
493年十一月—494年闰四月	中军将军府记室参军	七品	新安王萧昭文
494年初—七月	尚书殿中郎	六品	西海侯萧鸾

---

① 《南齐书》卷十四《州郡志》，第246—247页。

② 南徐州刺史属于刺史领兵者，四品。又严耕望指出：谘议参军“地位既仅次于长史、司马，故亦常带大郡太守，且或越次行府州事”。严耕望：《魏晋南北朝地方行政制度》，台湾“中研院”历史语言研究所，1990年第3版，第193页。

续表

年月	官职	品位	直接上司
494年七月—十月	骠骑大将军府谘议参军/记室参军	五品/七品	宣城郡公萧鸾
494年十月—495年春	长兼中书郎,转中书郎	五品	明帝萧鸾
495年春—496年秋	宣城太守	五品	
496年冬—497年	中书郎	五品	明帝萧鸾
497年—498年六月前后	镇北将军府谘议参军/南东海太守/行南徐州事	五品/五品/四品	晋安王萧宝义
498年六月前后—499年八月	尚书吏部郎	五品	

二、"高宗乃顾"与"笺辞子隆"

493年是萧齐王朝政局转折的一年,武帝萧赜驾崩,萧赜长孙萧昭业继位,萧赜堂弟萧鸾辅政;这也是谢朓政治生命转折的一年,"而立之年"的谢朓从随王萧子隆文学侍从,变身为萧鸾政治集团成员。《南齐书》本传记载:

子隆在荆州,好辞赋,数集僚友,朓以文才,尤被赏爱,流连晤对,不舍日夕。长史王秀之以朓年少相动,密以启闻。世祖敕曰:"侍读虞云自宜恒应侍接。朓可还都。"朓道中为诗寄西府曰:"常恐鹰隼击,秋菊委严霜。寄言罻罗者,寥廓已高翔。"

迁新安王中军记室。朓笺辞子隆曰:"朓闻潢污之水,思朝宗而每竭;驽蹇之乘,希沃若而中疲。何则?皋壤摇落,对之惆怅;岐路东西,或以呜悒。况乃服义徒拥,归志莫从,邈若坠雨,飘似秋蒂。朓实庸流,行能无算,属天地休明,山川受纳,褒采一介,搜扬小善,舍耒场圃,奉笔菟园。东乱三江,西浮七泽,契阔戎旃,从容宴语。长裾日曳,后乘载脂,荣立府廷,恩加颜色。沐发晞阳,未测涯涘;抚臆论报,早誓肌骨。不悟沧溟未运,波臣自荡;渤澥方春,旅翮先谢。清切蕃房,寂寥旧荜。轻舟反泝,吊影独留,白云在天,龙门不见。去德滋永，思德滋深。唯待青江可望，候归艎于春渚；朱邸方开，效蓬心于秋实。如其簪履或存，衽席无改，虽复身填沟壑，犹望妻子知归。揽涕告辞，悲来横集。”

寻以本官兼尚书殿中郎。

按上引史料的第一、二段，在中华书局本《南齐书》中并未分段，今为讨论之便，分作两段，盖谢朓还都与迁新安王中军记室之间，有个关键的时间差。结合当时与后来的相关史事而综以观之，我们可知以下情况：

其一，谢朓受谗，离荆还都。在荆州随王僚友中，谢朓以其优异的文学才华，尤其获得“好辞赋”的随王的欣赏与喜爱，竟至“流连晤对，不舍日夕”，这引起了职位高于他的同僚王秀之的嫉恨，王遂暗中上奏萧赜，毁称谢朓年轻浮躁，会把随王带坏，萧赜则听信谗言，敕令谢朓回京[①]。大概初次经历“职场”挫折的谢朓，在回京途中作诗《暂使下都夜发新林至京邑赠西府同僚》。诗中既充满着愤懑留恋之情，所谓“大江流日夜，客心悲未央。徒念关山近，终知返路长”，也流露了走出险恶、迎接未来的信心：“常恐鹰隼击，时菊委严霜。寄言罻罗者，寥廓已高翔。”[②]

其二，谢朓赋闲，终附萧鸾。谢朓约在七月返回京城，其时朝政正处波诡云谲之中，下面节录《资治通鉴》的相关记载[③]，以见493年七月起之形势大概：

（七月）上（武帝萧赜）不豫，诏（竟陵王萧）子良甲仗入延昌殿侍医药。子良以萧衍、范云等皆为帐内军主。子良日夜在内，太孙（萧昭业）间日参承。

戊寅，上疾亟，暂绝；太孙未入，内外惶惧，百僚皆已变服。王融欲矫诏立子良，诏草已立。及太孙来，王融戎服绛衫，于中书省阁口断东宫仗不得进。顷之，上复苏，问太孙所在，因召东宫器甲皆入，以

① ［唐］李延寿：《南史》卷十九《谢朓传》，第532页：“长史王秀之以朓年少相动，欲以启闻。朓知之，因事求还。”据此，谢朓又是主动求还京城，借以逃避荆州西府的流言蜚语、险恶环境。今姑两存之。

② ［齐］谢朓著，曹融南校注集说：《谢宣城集校注》，上海古籍出版社，1991年版，第205—206页。按本书征引谢朓诗文，皆以此本为准。

③ ［北宋］司马光：《资治通鉴》卷一百三十八《齐纪四》、卷一百三十九《齐纪五》，中华书局，1956年版，第4332—4353页。

朝事委尚书左仆射西昌侯(萧)鸾。俄而上殂,融处分以子良兵禁诸门。鸾闻之,急驰至云龙门,不得进,鸾曰:“有敕召我!”排之而入,奉太孙登殿,命左右扶出子良;指麾部署,音响如钟,殿中无不从命。

遗诏曰:“太孙进德日茂,社稷有寄。子良善相毗辅,思弘治道,内外众事,无大小悉与鸾参怀,共下意!”

郁林王(萧昭业)之未立也,众皆疑立子良,口语喧腾。

帝(萧昭业)少养于子良妃袁氏,慈爱甚著。及王融有谋,遂深忌子良。大行出太极殿,子良居中书省,帝使虎贲中郎将潘敞领二百人仗屯太极西阶以防之。既成服,诸王皆出,子良乞停至山陵,不许。

(八月)壬午,称遗诏,尚书左仆射、西昌侯鸾为尚书令。癸未,以竟陵王子良为太傅。是时西昌侯鸾知政,恩信两行,众皆悦之。

(萧昭业)即位十余日,即收王融下廷尉。融求援于竟陵王子良,子良忧惧,不敢救。遂于狱赐死,时年二十七。初,融欲立子良,太学生虞羲、丘国宾窃相谓曰:“竟陵才弱,王中书无断,败在眼中矣。”

(十一月)辛亥,封皇弟昭文为新安王,昭秀为临海王,昭粲为永嘉王。

(494年正月)西昌侯鸾将谋废立,引前(萧子隆)镇西谘议参军萧衍与同谋。荆州刺史、随王子隆,性温和,有文才;鸾欲征之,恐其不从。衍曰:“随王虽有美名,其实庸劣。既无智谋之士,爪牙唯仗司马垣历生、武陵太守卞白龙耳。二人唯利是从,若啖以显职,无有不来;随王止须折简耳。”鸾从之。征历生为太子左卫率,白龙为游击将军;二人并至。续召子隆为侍中、抚军将军。

朝事大小,皆决于西昌侯鸾。鸾数谏争,帝多不从;心忌鸾,欲除之。以尚书右仆射鄱阳王(萧)锵为世祖(萧赜)所厚,私谓锵曰:“公闻鸾于法身(萧昭业小名法身)如何?”锵素和谨,对曰:“臣鸾于宗戚最长,且受寄先帝;臣等皆年少,朝廷所赖,唯鸾一人,愿陛下无以为虑。”

(四月)戊子,竟陵文宣王子良以忧卒。帝常忧子良为变,闻其卒,甚喜。

臣光曰:王融乘危徼幸,谋易嗣君。子良当时贤王,虽素以忠慎自居,不免忧死。迹其所以然,正由融速求富贵而已。轻躁之士,乌可近哉！

据上所述朝政形势，则谢朓在京赋闲的约百日期间（493年七月下旬到十一月上旬），无论是“高宗始业，乃顾玄晖”[①]即被动为萧鸾相中，还是谢朓主动投靠萧鸾阵营，便都可以理解了；甚至谢朓作为曾经的“竟陵八友”之一，不愿成为失势的竟陵王萧子良、中书郎王融（出自琅琊王氏，也是“竟陵八友”成员）的羽翼，也是为求自全的合理选择，而这样的选择，大概导致萧鸾既知谢朓不与政敌萧子良同心共谋，于是赐任谢朓为新安王中军记室，又延揽谢朓入其幕府并且大加信用的结果吧。

图5　齐明帝萧鸾兴安陵石兽（朱偰摄于20世纪30年代）

其三，笺辞子隆，效劳萧鸾。平实而论，谢朓对于情趣相投的旧主随王萧子隆，还是恋恋难舍的，这不仅表现在上引《赠西府同僚》诗中，更彰显于上引“笺辞子隆”文中，后人亦认“《辞笺》《西府赠诗》两篇独绝，盖中情深者为言益工也”，具体到这篇“执笔便成，文无点易”的《拜中军记室辞随王笺》，可谓“一路疑疑曲曲，申诉离情。起言欲与王始终其事，无如迫于朝命，因言平昔恩遇之深，今日天涯之隔，后此继见之愿”[②]。然而细玩《辞随王笺》，又能品出谢朓在政治层面告别随王、效劳萧鸾的意味，如此，

① 《南齐书》卷四十七《谢朓传》“赞曰”，第828页。

② 分别为明人张溥、清人方伯海评语，《谢宣城集校注》，第59页。

我们就能理解萧鸾为何既能容忍谢朓向随王抒发“揽涕告辞,悲来横集”之深情,又迅速提拔、兼职重用谢朓。谢朓也未辜负新主萧鸾,一方面,他不仅在短期内为萧鸾撰作了《为齐明帝让封宣城公表》《为明帝拜录尚书表》《为宣城公拜章》《为录公拜扬州恩教》《为百官劝进齐明帝表》[①]等多篇重要的应用文字,还吟咏出《始出尚书省》等“阿附齐明”[②]的歌功颂德诗章;另一方面,当旧友竟陵王萧子良494年四月“以忧卒”、旧主随王萧子隆494年九月为萧鸾杀害时,信用方隆的谢朓竟无什么像样的悼念活动与真诚的追忆诗文,而其间的缘故,诚如《梁书·庾於陵传》所载:

齐随王子隆为荆州,召为主簿,使与谢朓、宗夬抄撰群书。子隆代还,又以为送故主簿。子隆寻为明帝所害,僚吏畏避,莫有至者,唯於陵与夬独留,经理丧事。

“僚吏畏避,莫有至者”,谢朓即属其例。一则,萧鸾本就猜忌多虑;二则,“当时贤王”的萧子良既为萧鸾政敌,“有才能”的萧子隆又为萧鸾“尤忌之”[③]。如此,难以自主地置身于政治漩涡中的谢朓,面对旧友萧子良、同僚王融、旧主萧子隆的死,只能选择逃避,也就顺理成章了。

三、“启王敬则反谋”与“先蹈祸机”

相较于“笺辞子隆”“阿附齐明”引来后人非议,谢朓“启王敬则反谋”,在萧遥光谋逆事件中因为依违不定而“先蹈祸机”,尤其招致时人与后世的诟病。此先述“启王敬则反谋”。《南齐书》本传:

启王敬则反谋,上甚嘉赏之。迁尚书吏部郎。朓上表三让,中书疑朓官未及让,以问祭酒沈约。约曰:“……谢吏部今授超阶,让别有意,岂关官之大小?……”朓又启让,上优答不许……

---

① 篇名据《谢宣城集校注》。“齐明帝”“明帝”自是后人改题或加题的追称。按类似情况,以下不再注明。

② 清人何焯评语,《谢宣城集校注》,第213页。

③ 《资治通鉴》卷一百三十九《齐纪五》,第4361页。

朓初告王敬则，敬则女为朓妻，常怀刀欲报朓，朓不敢相见。及为吏部郎，沈昭略谓朓曰："卿人地之美，无忝此职。但恨今日刑于寡妻。"朓临败叹曰："我不杀王公，王公由我而死。"

又《南史》本传所记有稍异处：

及当拜吏部，谦挹尤甚，尚书郎范缜嘲之曰："卿人才无惭小选，但恨不可刑于寡妻。"朓有愧色。及临诛，叹曰："天道其不可昧乎！我虽不杀王公，王公因我而死。"

谢朓所叹"由(因)我而死"的"王公"，乃是谢朓的岳父王敬则。那么，王、谢两家因何联姻？王敬则为何"反谋"？谢朓又为何启告？

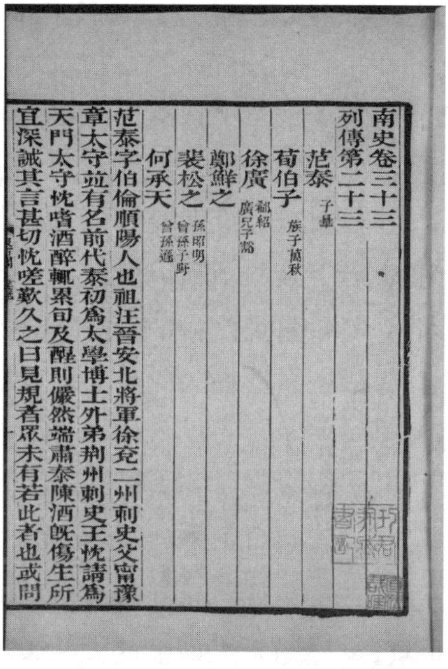
南史卷三十三
列傳第二十三
范泰 子曄
荀伯子 族子萬秋
徐廣 郗紹 廣兄子豁
鄭鮮之
裴松之 孫昭明 曾孫子野
何承天 曾孫遜
范泰字伯倫順陽人也祖汪晉安北將軍徐兗二州刺史父甯豫章太守竝有名前代泰初爲太學博士外弟荊州刺史王忱請爲天門太守忱嗜酒醉輒累旬及醒則儼然端肅泰陳酒既傷生所宜深誡其言甚切忱嗟歎久之曰見規者衆未有若此者也或問

图6　清同治金陵汲古阁刻本《南史》书影

约在谢朓入仕的前一年即481年，18岁的谢朓娶王敬则之女为妻。王敬则(435—498)，临淮郡射阳县(今江苏宝应县东北)人，侨居晋陵郡南沙县(今江苏常熟市西北)，"性倜傥不羁，好刀剑……屠狗商贩，遍于三吴"[①]，基本不识字。他从"补刀戟左右"做起，一路侠毂队主、直阁将军、奋

① 《南史》卷四十五《王敬则传》，第1127页。

武将军、龙骧将军、辅国将军、冠军将军、右卫将军等，既助刘彧(宋明帝)杀前废帝刘子业，又助萧道成(齐高帝)杀后废帝刘昱。入齐，479年为平北将军、南兖州刺史，封寻阳郡公，次年迁安东将军、吴兴太守，又次年为侍中、抚军将军，约在此时，王、谢联姻。

从门第论，王敬则出身寒微，母为女巫，谢朓为甲族子弟，母为宋文帝女长城公主，两家显然不配；然而王敬则功勋卓著、开国显贵，谢朓家道衰微、门单户薄，所以两家取长补短，又颇称相配。在后来的发展中，作为郡公的女婿，谢朓的仕途升迁，应有岳父荫庇的因素在焉；而有了"人地之美"的女婿，武将家庭也会添些雅致味道，如"王敬则诸儿并精车牛，丽服饰"[①]。

转眼10多年过去，到了493年七月，武帝萧赜遗诏："军旅之略，委王敬则、陈显达、王广之、王玄邈、沈文季、张瓌、薛渊等"，即以骠骑大将军、司空王敬则居首。然而麻烦在于，前后继位的萧昭业、萧昭文皆为有名无实的皇帝，辅政的萧鸾又"密有废立意"，于是萧鸾虽加王敬则为太尉(494年八月)，却赶他出京，夺其兵权，外放为使持节，都督会稽、东阳、临海、永嘉、新安五郡军事，会稽太守。等到萧鸾篡位称帝(494年十月)，王敬则的处境愈加险恶，终于在498年四月起兵反抗，而谢朓的密告萧鸾，又是促发王敬则起兵并败死的关键一环。有关其间史事，《南齐书·王敬则传》记载如下：

> 明帝即位，进(太尉王敬则)大司马……
>
> 帝既多杀害，敬则自以高、武旧臣，心怀忧恐。帝虽外厚其礼，而内相疑备，数访问敬则饮食体干堪宜，闻其衰老，且以居内地，故得少安。
>
> ……
>
> 永泰元年，帝疾，屡经危殆。以张瓌为平东将军、吴郡太守，置兵佐，密防敬则。内外传言当有异处分。敬则闻之，窃曰："东今有谁？只是欲平我耳！"[②]诸子怖惧，第五子幼隆遣正员将军徐岳密以情告徐州行事谢朓为计，若同者，当往报敬则。朓执岳驰启之。敬则城局参

---

① 《南齐书》卷二十六《陈显达传》，第490页。

② 《南史》卷四十五《王敬则传》、第1131页记敬则之言尚有"东亦何易可平，吾终不受金罂！"金罂指盛鸩酒的酒具。

军徐庶家在京口，其子密以报庶，庶以告敬则五官王公林。公林，敬则族子，常所委信。公林劝敬则急送启赐儿死……(敬则)乃起兵。

上诏曰："……朓即姻家，岳又邑子，取据匪他，昭然以信……"收敬则子员外郎世[仲]雄、记室参军季哲、太子洗马幼隆、太子舍人少安等，于宅杀之。长子黄门郎元迁，为宁朔将军，领千人于徐州击虏，敕徐州刺史徐玄庆杀之。

……

敬则以旧将举事，百姓担篙荷锸随逐之，十余万众……至武进陵口，恸哭乘肩舆而前……是时上疾已笃，敬则仓卒东起，朝廷震惧……裁少日而败……

据上，逼迫王敬则反抗的根本原因在于，随着得位不正的明帝萧鸾[①]病情日益加重，出于为自己年幼的子孙扫清障碍的目的，萧鸾既尽杀高帝萧道成、武帝萧赜、文惠太子萧长懋子孙，对于高、武时代旧臣也是猜疑丛生、严加防范，即如王敬则，先后为司空、太尉、大司马，可谓位高望重，虽然驻守在会稽内地(今浙江绍兴市)，萧鸾也是必欲除之而后快；至于引发王敬则仓促起兵的导火索，则是在京城(今南京市)的敬则五子幼隆，情急之下委派徐岳联络在京口(今镇江市)的姐夫(或妹夫)谢朓，希望谢朓举事响应，谢朓却拘捕徐岳，并驰告萧鸾"王敬则反谋"。由于谢朓此举为萧鸾争得了先机，结果敬则诸子被杀，敬则很快败亡，谢朓则因首告之功获得萧鸾嘉奖，超阶授为尚书吏部郎。

应该说，谢朓密告岳父，并非为了领赏，如他三让吏部郎时，中书省都以为违例，而他的知己好友沈约"让别有意"，可谓一语中的，毕竟谢朓之出卖岳父与超阶授官，具有明显的前后关联，沈昭略、范缜对此都有嘲弄不屑之语，所以谢朓"让别有意"之"意"，实为羞愧，谢朓临终之言"天道其不可昧乎！我虽不杀王公，王公因我而死"，正是此种羞愧之意的集中体现。又谢朓之妻对此也是愤恨万分，"常怀刀欲报朓"，要为父亲与兄弟报

① 萧鸾为萧道成二哥萧道生次子，即萧道成之侄。因为萧道生早逝，故由萧道成抚育，而且"恩过诸子"。萧鸾受武帝萧赜辅政重托，却连弑萧昭业、萧昭文二主，自己登基称帝，以此"明帝取天下，已非次第，天下人至今不服"(《南齐书》卷四十二《萧坦之传》，第749页)。

仇雪恨，谢朓从此不敢与妻子见面。[1]

进而言之，谢朓"启王敬则反谋"，又是避灾远祸、保全家族的不得已之举。谢朓不会忘记两位伯父被诛、父亲遭贬广州的血泪家史，也不敢忘怀自己一身维系已经败落的家门的重任。两位还无后人的伯父被诛后，谢述—谢纬—谢朓已是单传，谢朓夫妇又仅有独子谢谟。[2]面对岳父毫无胜算的反谋、必定株连灭族的异举，谢朓既无力谏止，同谋也自取灭亡，于是他选择了告发。而这样的告发，如果再联系当时的社会风气，所谓"殉国之感无因，保家之念宜切，市朝亟革，宠贵方求，陵阙虽殊，顾眄如一"[3]，我们又能获得更深层次的理解。

498年五月王敬则兵败被杀，六月前后谢朓赴京就任尚书吏部郎，七月萧鸾驾崩、太子萧宝卷即位。萧宝卷(483—501)时代的萧齐王朝，政局仍然血雨腥风。先是共受萧鸾遗诏的扬州刺史始安王萧遥光、尚书令徐孝嗣、右仆射江祏、右将军萧坦之、侍中江祀、卫尉刘暄号称"六贵"，而萧鸾兄子萧遥光潜结萧鸾表弟江祏、江祀兄弟，欲废萧宝卷自立；无法自主地卷入其中的谢朓，则是进退维谷、依违皆难，结果死于非命。《南齐书》本传述其始末道：

> 东昏失德，江祏欲立江夏王宝玄，末更回惑，与弟祀密谓朓曰："江夏年少轻脱，不堪负荷神器，不可复行废立。始安年长入纂，不乖物望。非以此要富贵，政是求安国家耳。"遥光又遣亲人刘沨密致意于朓，欲以为肺腑。朓自以受恩高宗，非沨所言，不肯答。少日，遥光以朓兼知卫尉事，朓惧见引，即以祏等谋告左兴盛，兴盛不敢发言。

---

① 谢朓夫妻关系可能本就不睦。唐人牛僧孺《玄怪录》卷二《曹惠》："王氏本屠酤种，性粗率多力。至冥中，犹与宣城琴瑟不睦，伺宣城颜严，则礫石抵关以为威胁。宣城自密启于天帝，帝许逐之。二女一男，悉随母归矣。"按此虽为小说家言，或也有些史实依据（如"屠酤种"与王敬则"屠狗"，"威胁"与"常怀刀"），只是谢朓夫妇有"二女"，不见于史书记载，不知是否有据。[唐]牛僧孺、[唐]李复言：《玄怪录　续玄怪录》，上海古籍出版社，1985年版，第47页。

② 据《南史》卷十九《谢朓传》，谢朓与萧衍既为同僚故旧，又"以文章相得"，谢谟也与萧衍二女订婚。等到谢朓被杀、萧衍又成为梁朝开国皇帝，萧衍遂"意薄谟，又以门单"而毁婚约，"谟不堪叹恨，为书状如诗赠主。主以呈帝，甚蒙矜叹，而妇终不得还。寻用谟为信安县，稍迁王府谘议"。按信安县（治今浙江衢州市）属东阳郡，县令七班；"稍迁"之王府谘议，当为八班之嗣王公府谘议。梁制十八班，以班多者为贵，谢谟班次属于居中偏下。

③ 《南齐书》卷二十三"史臣曰"，第438页。

祏闻，以告遥光，遥光大怒，乃称敕召朓，仍回车付廷尉，与徐孝嗣、祏、暄等连名启诛朓……诏："公等启事如此……便可收付廷尉，肃明国典。"又使御史中丞范岫奏收朓，下狱死。

关于"祏闻，以告遥光"，《南史》本传又记云：

（谢朓）即以祏等谋告左兴盛，又说刘暄曰："始安一旦南面，则刘沨、刘晏居卿今地，但以卿为反覆人尔。"暄阳（佯）惊，驰告始安王及江祏。始安欲出朓为东阳郡，祏固执不与……构而害之。

简而言之，江祏、江祀兄弟密谋废萧宝卷、拥萧遥光，并与谢朓密谈，要拉谢朓加盟；萧遥光也派亲信丹阳丞刘沨致意谢朓，以掌"宫城管籥"的三品卫尉要职相许，意欲笼络，引为心腹。谢朓却将此等密谋告知太子右卫率左兴盛，又劝明帝萧鸾皇后刘惠端之弟、卫尉刘暄莫从篡逆，结果刘暄飞报谋主，萧遥光、江祏遂先发制人，反诬谢朓"扇动内外，处处奸说，妄贬乘舆，窃论宫禁，间谤亲贤，轻议朝宰"云云[①]，经过一番联名上书、皇帝下诏、御史中丞奏请，谢朓入狱，八月被诛。

按在萧遥光篡逆事件中，谢朓可谓书生气十足，完全没有参透政局。他既以"受恩"于明帝萧鸾，不肯附从江氏兄弟、始安王萧遥光，又告谋左兴盛、劝说刘暄，这凸显了其政治上的幼稚。而相对于谢朓临终羞愧之言"我虽不杀王公，王公因我而死"，谢朓"临终谓门宾"之言"寄语沈公，君方为三代史，亦不得见没"[②]，即希望好友沈约秉笔直书，以使自己的忠心、清誉能为后世铭记，又可见谢朓对于致其丧命的不附篡逆的选择，至死无悔。[③]至于后世围绕谢朓品行的评说，虽然也有"王公甫诛，二江构害，出反之讥，颇挂时论……死于畏祸，天下疑其反覆，即与吕布、许攸同类而共笑"[④]的恶评，却也不乏"逢昏属乱，先蹈祸机"[⑤]的同情之辞，以及"尺璧尔

① 其他诸如"资性险薄，大彰远近""溪壑无厌，著于触事""丑言异计，非可具闻""昔在渚宫，构扇蕃邸，日夜纵谀，仰窥俯画"云云，真是欲加之罪，何患无辞！

② 《南史》卷十九《谢朓传》，第534页。

③ 谢朓八月初被诛后，到该年十二月，上述"六贵"也先后被杀。

④ 明人张溥评语，《谢宣城集校注》，第429页。按吕布，东汉末年人，先后杀主丁原、董卓，投奔袁术、张扬、袁绍、刘备等。又许攸，东汉末年人，叛袁绍、投曹操，并献计败袁绍。

⑤ 《南齐书》卷四十七《谢朓传》，第828页。

何冤"[①]"谢朓(无终)以冤"[②]的公允之论。

然则据上所述"高宗乃顾""笺辞子隆""启王敬则反谋""先蹈祸机",我们走近乃至走进的谢朓,可谓一位懦弱怕事、胆小畏祸、依违迟疑、进退失据、从政幼稚的失败者,只是这又绝非谢朓的全部,因为谢朓更为时人推崇、尤为后世仰慕的另一重身份,还是文学大家、山水诗杰。而令人深思的是,在谢朓的时代,乃至在中国古代皇权专制时代,从政者与文学家往往难以兼擅,文人往往失意、落魄乃至丧命于政坛,具体到谢朓,既缺乏周旋政坛的基本技能,又不乏几分仕进取禄之心,这便决定了他悲剧的政治命运,诚如他在《暂使下都夜发新林至京邑赠西府同僚》诗中所言:

常恐鹰隼击,时菊委严霜。
寄言罻罗者,寥廓已高翔。

这四句的意思是:小鸟时常担心遭到鹰隼的袭击而殒命,犹如秋菊备受严霜的摧残而枯萎;只是我要正告那些张网捕鸟的宵小之徒,鸿鹄已在空旷深远的云端翱翔,怎么会被尔等猎获!其实作为从政者,一个"恐"字、一个"委(萎)"字,正是置身政治漩涡中的谢朓一生的写照,而作为相当自负乃至有些轻狂的文学家,谢朓虽然觉得他能在文学的天空"高翔",但也终究逃不脱"罻罗者"设下的天罗地网!

---

① [梁]沈约:《伤谢朓》,逯钦立辑校:《先秦汉魏晋南北朝诗》,中华书局,1983年版,第1653页。
② [明]王世贞著,罗仲鼎校注:《艺苑卮言校注》,齐鲁书社,1992年版,第412页。

第三章　永明新变与文学创作

上章主要依据《南齐书·谢朓传》，参考《南史·谢朓传》，着眼于政治方面，叙述了谢朓的仕历，讨论了谢朓的品行；本章主要依据曹融南校注集说的《谢宣城集校注》，参考陈冠球编注的《谢宣城全集》①，着眼于文学方面，说明谢朓的文学创作情况，表彰谢朓在文学理论与文学实践上的贡献。盖就政治方面言，谢朓是弱智的失败者，而就文学方面言，谢朓又是卓越的成功者。我们只有综观政治与文学两方面，才可见出全面、立体、真实的谢朓。

一、文人样貌

谢朓是"官人"，也是"文人"，他以文人的性情做官，以做官的体会作文。那么，置身宦海的谢朓，有着怎样的文人样貌呢？姑举四例，以见一斑。

例一，口讷于言。《南齐书》本传：

> 隆昌初，敕朓接北使，朓自以口讷，启让不当，不见许。

《南史》本传则云：

> 隆昌初，敕朓接北使，朓自以口讷，启让，见许。

"不见许"与"见许"，意思大不相同，情况究竟如何？中华书局本《南齐书》校勘记："南监本无'不当不'三字，《南史》同。殿本无下'不'字"，今检北监本又与殿本同。如此，无论是"启让，见许"，还是"启让不当，见许"，谢

① 大连出版社，1998年版。

朓都未参与这次"接北使",而谢朓"启让"与皇帝萧昭业"见许"的原因,则是谢朓"口讷"。

所谓"口讷",就是口舌迟钝,不善言谈。南北朝时,无论是充当聘使还是接待来使,都挑选善于辞辩的才学之士担任。即以萧齐来说,上章中提到的"竟陵八友"中,"文辞辩捷"的王融、"纵横才辩"的萧琛、"机警明赡"的范云、"才思无穷"的任昉都参与过交聘工作,谢朓亦因"文章清丽"而被敕接北使。至于谢朓陈请推辞的理由"口讷",应该是真实的,否则不会得到皇帝的"见许",毕竟接待"北使",事关国家的形象、朝廷的面子。

查考史籍的记载,谢朓"启让"的这次任务,后来竟然演变到非同一般的境地。494年七月齐武帝萧赜驾崩,八月魏孝文帝拓跋宏遣使吊丧,主使为"学涉经史,早有时誉"的范阳卢氏卢昶,又有谒者(掌司仪传宣)张思宁;结果张思宁死难,卢昶回朝后被罢官,有关过程,《魏书·卢昶传》记载:

> 及昶至彼,值萧鸾僭立,于是高祖(拓跋宏)南讨之,昶兄渊为别道将。而萧鸾以朝廷加兵,遂酷遇昶等。昶本非骨鲠,闻南人云兄既作将,弟为使者。乃大恐怖,泪汗交横。鸾以腐米、臭鱼、莝豆供之。而谒者张思宁辞气謇谔,曾不屈挠,遂以壮烈死于馆中。昶还,高祖责之……遂见罢黜。

可以想见,在这场如同战场的"外交"活动中,若果以口舌迟钝的谢朓担纲,很可能会导致被动难堪的局面,至于代替谢朓"接北使"者为谁,史籍缺载。

有趣的是,所谓偃武必定修文,武弱势必文强,眼欠明则耳常聪,拙于"言"则工于"文",口讷的谢朓之文笔畅达、文章清丽,或许也可以作如是解。其实这样的例子不胜枚举,就以较之口讷更加严重的口吃来说,战国的韩非,西汉的司马相如、扬雄,魏晋的成公绥、左思,乃至现代的王国维、刘师培、柳亚子、冯友兰、顾颉刚等,皆是口吃的文章大家。又有清河东武城人崔慰祖(465—499),与谢朓年龄仿佛、门第相当、同朝为官,谢朓口讷而慰祖口吃,《南齐书·崔慰祖传》记载:

> 国子祭酒沈约、吏部郎谢朓尝于吏部省中宾友俱集,各问慰祖地理中所不悉十余事,慰祖口吃,无华辞,而酬据精悉,一座称服之。朓

叹曰:“假使班(固)、马(司马迁)复生,无以过此。”

此亦不失为谢朓“史记”的一桩趣事吧。

图7　谢朓画像(作者吴宪生)

例二,感激顿挫。《诗品·齐吏部谢朓诗》:

朓极与余论诗,感激顿挫过其文。

曹旭集注:“谓谢朓常与我谈论诗歌,其情辞激昂,声调顿挫,持论超过了他的诗歌创作。”[①]按《诗品》作者钟嵘(约468—518),出身颍川世族,永明年间入国子学,因为“好学,有思理……明《周易》,卫军王俭领祭酒,颇赏接之”[②]。而检上章“宦迹与奉主”,知永明六年到七年(488—489)谢朓任王俭卫将军府东阁祭酒,则谢朓与钟嵘“论诗”当在此时。值得注意的是,在政务如“接北使”上“口讷”的谢朓,讨论起自己的“专业”诗歌来,竟然情绪感动奋发,声调抑扬顿挫,甚至我们可以想象他的眉飞色舞、滔滔侃侃,当然口舌也全不见了迟钝。

---

① [梁]钟嵘著,曹旭集注:《诗品集注》,上海古籍出版社,1994年版,第298页。

② [唐]姚思廉:《梁书》卷四十九《钟嵘传》,中华书局,1973年版,第694页。

与此可以印证者，又有谢朓与随王萧子隆“流连晤对，不舍日夜”，盖萧子隆“有文才”“能属文”“好辞赋”，谢朓“文章清丽”，所以“主仆”之间交流无碍，晤对顺畅。然则谢朓之疏于政务而习于谈文，由此可以得到鲜活的印象。[①]

例三，好善奖挹。《南齐书》本传：

> 朓善草隶，长五言诗，沈约常云“二百年来无此诗也”。敬皇后迁祔山陵，朓撰哀策文，齐世莫有及者。

又唐张怀瓘《书断》：

> （谢朓）风华黼藻，当时独步。草书甚有声。草殊流美，薄暮川上，余霞照人，春晚林中，飞花满目。《诗》曰：“有美一人，清扬婉兮。邂逅相遇，适我愿兮”，是之谓矣。[②]

如此草书与隶书兼善、诗与文膺受盛誉的谢朓，却乐于首肯同行，奖挹人才，处世好善。如《诗品·梁常侍虞羲》：

> 子阳诗奇句清拔，谢朓常嗟颂之。

虞羲，字子阳，会稽余姚人，7岁能文。谢朓诗“奇章秀句，往往警遒”，虞羲诗“奇句清拔”，可见二人诗风相类，谢朓没有“文人相轻”的恶习，反而时常赞叹吟诵。又《南史》本传：

> 朓好奖人才，会稽孔觊粗有才笔，未为时知，孔（稚）圭尝令草让表以示朓。朓嗟吟良久，手自折简写之，谓（稚）圭曰：“士子声名未立，应共奖成，无惜齿牙余论。”其好善如此。

孔觊“口吃，好读书”，与谢朓口讷、“少好学”颇为相似。又《梁书·江革传》：

---

① 与谢朓恰成反例者，如唐人李固言，“固言吃，接宾客颇謇缓，然每议论人主前，乃更详辩。”即李固言口吃，平常交流期期艾艾，然而朝堂之上议事论政时，却能言善辩。《新唐书》卷一百八十二《李固言传》，第5359页。

② ［唐］张彦远辑录：《法书要录》，上海古籍出版社，2013年版，第208—209页。按谢朓撰文并手书的《齐海陵王墓铭》，北宋尚存，黄伯思赞其“结字高雅”，沈括《梦溪笔谈》则记其偶得而复失之经过：“庆历中，予在金陵，有饔人以一方石镇肉，视之若有镌刻，试取石洗濯，乃宋［齐］《海陵王墓铭》，谢朓撰并书，其字如钟繇，极可爱。予携之十余年，文思副使夏元昭借去，遂托以坠水，今不知落何处。”［北宋］沈括著，胡道静校证：《梦溪笔谈校证》，上海古籍出版社，1987年版，第524页。

江革字休映，济阳考城人也……幼而聪敏，早有才思，六岁便解属文……九岁丁父艰，与弟观同生，少孤贫，傍无师友，兄弟自相训勖，读书精力不倦。十六丧母，以孝闻。服阕，与观俱诣太学，补国子生，举高第。齐中书郎王融、吏部谢朓雅相钦重。朓尝宿卫，还过候革，时大雪，见革弊絮单席，而耽学不倦，嗟叹久之，乃脱所著襦，并手割半毡与革充卧具而去。司徒竟陵王闻其名，引为西邸学士。

谢朓冒雪看望江革，脱短袄、割毛毡以赠，好善乐施之举，令人动容；至于竟陵王萧子良引江革为西邸学士，应该也有谢朓举荐之功在焉。又谢朓《临东海饷诸葛璩谷教》：

昔长孙东组，降龙丘之节；文举北辎，高通德之称。所以激贪立懦，式扬风范。处士诸葛璩，高风所渐，结辙前修。岂怀珠被褐，韬玉待价；将幽贞独往，不事王侯者邪？闻事亲有啜菽之窭，就养寡藜蒸之给。岂得独享万钟，而忘兹五秉？可饷谷百斛。

据《梁书》与《南史》的《诸葛璩传》，诸葛璩（？—508），字幼玫，琅邪阳都人，世居京口。他博涉经史，处身清正，安贫守道，悦礼敦诗，朝廷辟为议曹从事，辞不赴任。其时，谢朓正为京口地方长官，任职南东海太守、行南徐州事，于是下教褒扬诸葛璩风范，并且饷谷百斛，由此可见谢朓对于隐居不仕的学行之士的首肯。又《梁书·到洽传》：

到洽字茂㳂，彭城武原人也……洽年十八，为南徐州迎西曹行事。洽少知名，清警有才学士行。谢朓文章盛于一时，见洽深相赏好，日引与谈论。每谓洽曰："君非直名人，乃亦兼资文武。"朓后为吏部，洽去职，朓欲荐之，洽睹世方乱，深相拒绝。

到洽"深相拒绝"的原因，应该还与谢朓"启王敬则反谋"、引发物议有关，然而谢朓"好奖人才"仍然可见。

推而广之，由谢朓游竟陵王萧子良西邸时，与西邸学士如沈约、萧衍、王融等人建立了深厚的乃至终生的友谊，则谢朓与文学才俊、士林人物的良好关系可知，反之，对待他不待见的一些权要小人时，文人谢朓就是另副模样了。

例四，轻视嘲弄。谢朓之不待见权要小人的典型事例，是对江祏、江祀兄弟。江氏兄弟为明帝萧鸾的表弟[①]，靠着这重身份，得掌机要，渐为心腹。萧鸾遗诏，以江祏为右仆射，江祀为侍中，又“内外众事无大小委徐孝嗣、(萧)遥光、(萧)坦之、江祏，其大事与沈文季、江祀、刘暄参怀”[②]，即继位的萧宝卷时代，江氏兄弟亦为朝中最具实力的人物。然而，谢朓却任情使性地积怨于江氏兄弟。《南史》本传：

> 先是，朓常轻祏为人，祏常诣朓，朓因言有一诗，呼左右取，既而便停。祏问其故，云“定复不急”。祏以为轻己。后祏及弟祀、刘沨、刘晏俱候朓，朓谓祏曰：“可谓带二江之双流”，以嘲弄之。祏转不堪，至是构而害之。

这段史料记载了谢朓与江氏兄弟之间的两件事：一是江祏拜访谢朓，谢朓说送首诗给他，并让左右去取，稍停又说不急，愚弄了江祏一回；二是江祏、江祀、刘沨、刘晏一起候见谢朓，谢朓则调戏江祏道：“可谓带二江之双流。”按此语出自左思《蜀都赋》“带二江之双流，抗峨眉之重阻”，“二江”指江氏兄弟，“双流(刘)”指刘沨(丹阳丞)、刘晏(萧遥光城局参军)，“二江”“双流”应是比喻一串小丑。其实，江氏兄弟也能作诗，所谓江祏诗“猗猗清润”、江祀诗“明靡可怀”[③]，故谢朓之“轻祏为人”，还在厌恶江氏兄弟作为外戚亲要的飞扬跋扈，江祏则对此“不堪”即忍受不了，结果虽然萧遥光可能顾惜谢朓之才、不想杀之，“欲出朓为东阳郡”，江祏“固执不与”，终于“构而害之”。

对于谢朓之死，颜之推曾有“自古文人，多陷轻薄……谢玄晖侮慢见及”[④]的说法。的确，谢朓对于怀私乱政的江氏兄弟，轻视傲慢，嘲弄调戏，此视为文人的通病可矣，然而，谢朓得罪的却是得罪不起的外戚权贵、狭隘小人，这样的负才遗行，就是文人谢朓的政治幼稚了！而因为这样的幼

---

① 江氏兄弟的姑姑为萧道生夫人，即萧鸾母亲。

② 《南齐书》卷六《明帝纪》，第91页。

③ 《诗品集注》“齐仆射江祏”，第458页。按“猗猗”，美盛貌；“明靡”，明静华靡。

④ [北齐]颜之推撰，王利器集解：《颜氏家训集解·文章》，上海古籍出版社，1980年版，第221—222页。

稚，才华秀发、正处盛年的一代作者，无谓地丢失了性命，立足于中国文学史的立场言，又殊为深惜！

为政则口讷于言，论诗却感激顿挫，接文学才俊，总是好善奖挹，对权要小人，时常轻视嘲弄，这就是我们的传主谢朓，一位失败的“官人”，一位成功的“文人”……

二、永明新变

接着上节例三的“谢朓游竟陵王萧子良西邸”往下说，谢朓不仅在此结识了诸多文学士林好友，而且在仿佛“奇文共欣赏，疑义相与析”的过程中，参与建构了新的文学理论，并且多有实践。以下次第言之。

其一，关于竟陵王萧子良西邸。《南齐书·萧子良传》：

> 子良少有清尚，礼才好士，居不疑之地，倾意宾客，天下才学皆游集焉。善立胜事，夏月客至，为设瓜饮及甘果，著之文教。士子文章及朝贵辞翰，皆发教撰录……（永明）五年，正位司徒，给班剑二十人，侍中如故。移居鸡笼山邸，集学士抄《五经》、百家，依《皇览》例为《四部要略》千卷。招致名僧，讲语佛法，造经呗新声，道俗之盛，江左未有也。

又《梁书·武帝纪》：

> 竟陵王开西邸，招文学，高祖（萧衍）与沈约、谢朓、王融、萧琛、范云、任昉、陆倕等并游焉，号曰八友。

其实“八友”之外，“并游”西邸的“学士”尚多。而从永明五年（487）萧子良“开西邸”到隆昌元年（494）萧子良“以忧卒”，在西邸存在的8年中，学术活动主要集中在抄编旧籍、讲语佛法、造经呗新声等方面，这些方面与酬答唱和、吟诗作赋等文学活动结合，遂产生了中国文学史上至关重要的“永明体”文学理论与文学实践。

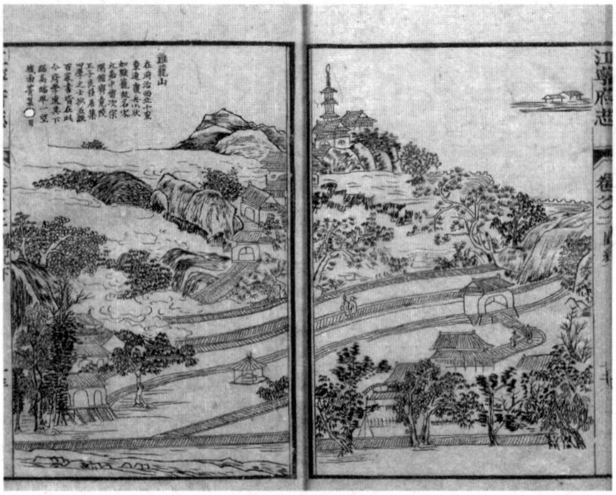

图8　清高岑《金陵四十景图》之“鸡笼山”

其二，关于“永明体”文学理论与文学实践。《南史·陆厥传》：

> 时盛为文章，吴兴沈约、陈郡谢朓、琅邪王融以气类相推毂，汝南周颙善识声韵。约等文皆用宫商，将平上去入四声，以此制韵，有平头、上尾、蜂腰、鹤膝。五字之中，音韵悉异，两句之内，角徵不同，不可增减。世呼为“永明体”。

简而言之，汉字平、上、去、入四种声调之分，实明确于萧齐永明年间，并与萧子良“开西邸”密切相关。盖“西邸既是审音文士抄撰的学府，又是善声沙门结集的道场。其于文士与沙门之间所起的沟通作用，不可忽视”，四声的发明正是“善声沙门与审音文士合作的结果”[①]，这样的结果，又不仅形之于理论，如周颙作《四声切韵》，沈约撰《四声谱》，王斌著《四声论》，而且施之于实践，如“齐永明中，文士王融、谢朓、沈约文章始用四声，以为新变”[②]，这种“新变”的“文章”，讲究“四声”，所谓“宫羽相变，低昂舛节。若前有浮声，则后须切响，一简之内，音韵尽殊，两句之中，轻重悉异”[③]，又五言诗应避免平头、上尾、蜂腰、鹤膝等声病[④]，于是南朝文学呈现出新的面

---

① 万绳楠整理：《陈寅恪魏晋南北朝史讲演录》，黄山书社，1987年版，第367页，第363页。

② 《梁书》卷四十九《庾肩吾传》，第690页。

③ 《南齐书》卷五十二《陆厥传》，第898页。所谓“宫羽相变，低昂舛节”，“宫羽”本为宫商角徵羽五音的名称，这里代指四声；“低昂”则指音节的高下变化。

④ 按照普遍的说法，在五言诗创作中，平头指第一、二字与第六、七字同声，上尾指第五字与第十字同声，蜂腰指首尾皆浊音而中一字为清音（以浊夹清），鹤膝指首尾皆清音而中一字为浊音（以清夹浊）。

貌与美感,“古体诗”开始向“近体诗”演进,并给予后世文学特别是诗歌创作以极其广泛与非常深远的影响。[①]

其三,关于“永明新变”中谢朓的贡献。如上所述,竟陵王萧子良鸡笼山西邸存在于487年至494年。开西邸之初,谢朓即往游其中,及491年春,谢朓离开建康,赴任随王萧子隆文学,临别之际,沈约、虞炎、范云、王融、萧琛、刘绘等西邸成员赋诗《饯谢文学》送行,谢朓则作《和别沈右率诸君》致谢。也就是说,谢朓作为西邸文学集团的重要成员、“竟陵八友”之一,历时5个年头。在此期间,据上段所引《南史·陆厥传》《梁书·庾肩吾传》,谢朓对于四声及声病之文学理论与文学实践都有贡献,又《诗品·下·序》:

> 昔曹(植)、刘(桢)殆文章之圣,陆(机)、谢(灵运)为体贰之才。锐精研思,千百年中,而不闻宫商之辨,四声之论……王元长(融)创其首,谢朓、沈约扬其波。三贤咸贵公子孙,幼有文辨。于是士流景慕,务为精密。

然则王融、谢朓、沈约三位,究竟谁对“永明体”的贡献最大呢?这虽然是个稍嫌无聊的设问,却是撰述《谢朓传》值得回答的问题。今据王辉斌《先唐诗人考论》中的相关讨论[②],综述如下。

首先,作品统计。据现有材料考察,在王融、谢朓、沈约三位中,只有记载沈约论声律的相关材料存在,尤其《南齐书》与《南史》的《陆厥传》中,收录了讨论声律的陆厥致沈约、沈约答陆厥的二书,以此学界多将永明新变、四声及声病理论主要归功于沈约。其实,“永明体”的产生,理论固然重要,实践也是不可或缺,而统计王融、谢朓、沈约的五言诗(不计五言联句)[③],沈约154首,其中四句式28首,六句式19首,八句式51首,十句式15首,十二句式及以上者41首;谢朓142首,其中四句式16首,六句式8首,八句式49首,十句式27首,十二句式及以上者42首;王融86首,四句式30首,六句式1首,八句式31首,十句式10首,十二句式及以上者14首。按

---

① 如启功指出:“现在看来,永明声律学说虽未能解决律诗的全部问题,但已提出了五言句和联的律化法则。又经陆续发展,至唐初沈佺期、宋之问,五、七言律体才算定型稳固。”启功:《诗文声律论稿》,中华书局,2000年版,第68页。

② 王辉斌:《先唐诗人考论》,吉林文史出版社,2007年版,第244—254页。

③ 王融、沈约据逯钦立《先秦汉魏晋南北朝诗》,谢朓据曹融南《谢宣城集校注》。

在这几种句式的五言诗中，四句式属“齐梁绝句”，六句式与十二句式及以上者均为五言古体，所以皆可不论；至于与五律相近的八句式，具五排雏形的十句式，文学史家大多认定为介于古体、近体之间的“新体诗”，而以此计之，沈约68首，谢朓76首，王融41首。这一数据表明，谢朓可谓是对“永明体”实践最多、探索最勤、贡献最大的一位。

其次，声律分析。在谢朓现存的“永明体”诗作中，颇多已经达到了相当的“声律论”艺术高度。以《奉和随王殿下》十六首为例，多为标准的五言八句式，全由四联构成，各联之间除了未能粘着之外，余则几乎可以视为合格的五律。如第十四首：“分悲玉瑟断，别绪金樽倾。风入芳帷散，缸华兰殿明。想折中园草，共知千里情。行云故乡色，赠子一离声。”这首诗前四句为一个“平仄段”，后四句为又一个“平仄段”，全诗在平仄上虽不协调，但每四句的平仄与律诗完全相合（唯第七句的“乡”应仄而平）。再如第十五首：“年华豫已涤，夜艾赏方融。新萍时合水，弱草未胜风。闺幽瑟易响，台迥月难中。春物广余照，兰萱佩未穷。”这首诗只有三、四两句的平仄需要调整，余皆对仗工整，与律诗全合。沈约以此称道谢朓的诗“调与金石谐”[①]，谢朓也自认“好诗圆美流转如弹丸”[②]。而检核推为声律说首创者的沈约，其51首八句式五言诗，几乎都与他倡导的理论不符。如其名作《别范安成》：“生平少年日，分手易前期。及尔同衰暮，非复别离时。勿言一樽酒，明日难重持。梦中不识路，何以慰相思。”此诗在声律方面虽无大的问题，但属对极为不工。其他如《登北固楼》及《怀旧诗》九首等，或犯“平头”“上尾”，或以“平平仄平仄”替代“平平平仄仄”，也都存在着理论倡导与创作实践不相符的情况。

再次，作品影响。曹融南《谢宣城集校注·凡例》：“前人有关各篇之评议，具参考价值、启示作用者，选附篇末为‘集说’。”列举几条曹氏选附的“集说”如下：清人方伯海评《入朝曲》：“清丽工整，渐开五七言近体”；清人沈德潜评《玉阶怨》：“竟是唐人绝句，在唐人中为最上者”；明人孙鑛评《同

---

① ［梁］沈约：《伤谢朓》。

② 《南史》卷二十二《王筠传》，第609页。所谓“圆美流转”，应当包括意思流畅、声调协调两方面，曹融南《谢宣城集校注·前言》指出：验之于谢朓的诗作，“举凡表现手法圆活、构篇浑然圆合以及造语精圆、音调圆润，总的构成圆融风格，都可一一指证”。

谢谘议咏铜爵台》:“婉似初唐风调,但未作对联耳”;清人何焯评《游敬亭山》:“前四句总写,一半写景,一半写情。唐人律诗作法,俱是此种。”诸如此类的评议,正如南宋诗评名家严羽在《沧浪诗话》中的定论:“谢朓之诗,已有全篇似唐人者”[①],即谢朓诗在词藻、声律、音韵、体式等方面,已开近体先声、唐诗妙境,给予初、盛唐诗坛以明显的影响。

要之,在王辉斌看来,对于中国文学史上“永明新变”作出最大贡献的诗人,当推谢朓。笔者虽不谙平仄声律之学,对此亦深表赞同,而在文学创作以及诗文影响方面,谢朓之超过沈约、王融,应该更无异议。

三、文学创作

谢朓存世的文学作品,当然不止上节提到的142首五言诗。现存最早的谢朓作品集,是南宋绍兴二十七年(1157)宣州知州东阳楼炤所刻《谢宣城集》五卷,楼炤《序》云:

> 小谢有全集十卷……考其上五卷赋与乐章之外,诗乃百有二首,而唱和联句、他人所附见者不与焉……其下五卷,则皆当时应用之文,衰世之事,其可采者已载于本传、《文选》,余视诗劣焉,无传可也,遂置之。

又曹融南略述谢朓集流变情况与其校注的“凡例”:

> 谢朓集,唐时著录十二卷,另《逸集》一卷。五代、北宋并著录十卷。南宋初楼炤锓板,仅收赋、诗五卷,而置其下五卷。后此刻集者,多循而不改。此本兼收赋、诗与文,藉见一作者之全。文入第一卷,仍为五卷。

据曹融南校注集说、藉见“作者之全”的《谢宣城集校注》,凡收赋9、表3、章1、笺1、启3、教2、哀策文1、谥册文1、墓志铭4、祭文3、乐歌1、四言诗3、五言诗142,联句7;又陈冠球编注的《谢宣城全集》,计收赋9、文19(笺启、章

① [南宋]严羽著,郭绍虞校释:《沧浪诗话校释》,人民文学出版社,1961年版,第158页。

表、教令、祭文、墓铭、册文）、诗152，诗含乐府40（杂曲歌辞、相和歌辞、鼓吹歌辞、郊庙歌辞）、四言3（共28章）、五言109（包括咏物、联句），另有残句两联。虽然曹集与陈集归类稍异，谢朓存世的诗、文、赋作品已称大全。

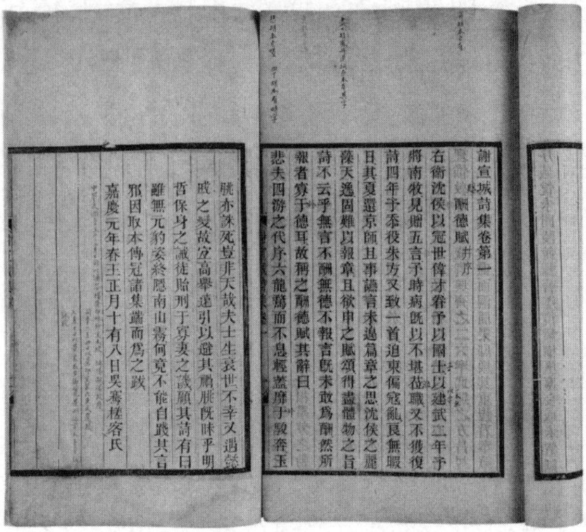
朓亦誅死豈非天哉夫士生衰世不幸又遇懿
戚之變故宜高舉遠引以避其禍朓既昧乎明
哲保身之誡徒貽刑于寡妻之譏顧其詩有曰
雖無玄豹姿終隱南山霧何竟不能自踐其言
邪因取本傳冠諸集端而爲之跋
嘉慶元年春王正月十有八日吳騫槎客氏

謝宣城詩集卷第一
酬德賦并序
右衛沈侯以冠世偉才眷予以國士以建武二年予
將南牧見贈五言予時病既以不堪莅職又不獲復
詩四年予忝役朱方又致一首迫東偏寇亂良無暇
日其夏還京師且事讌言未遑篇章之思沈侯之麗
藻天逸固難以報章且欲申之賦頌得盡體物之旨
詩不云乎無言不酬無德不報言既未敢爲酬然所
報者寡于德耳故稱之酬德賦其辭曰
悲夫四游之代序六龍騖而不息輕蓋靡于駿奔玉

图9　清嘉庆元年“拜经楼丛书”本《谢宣城诗集》书影

那么谢朓文学的内容、风格、贡献与影响如何呢？还在谢朓当时及稍后，其文学即为世人所重。如谢朓“长五言诗”，沈约常说“二百年来无此诗也”，谢朓撰《齐敬皇后哀策文》，“齐世莫有及者”；又如谢朓在《诗品》中虽列中品，但萧齐其他诸家皆在下品，《文选》选录谢朓诗21首、文2篇，数量亦远超萧齐其他诸家；又《梁书·沈约传》：“谢玄晖善为诗，任彦昇（任昉）工于文章，约兼而有之，然不能过也”，萧纲《与湘东王书》亦云：“至如近世，谢朓、沈约之诗，任昉、陆倕之笔，斯实文章之冠冕，述作之楷模。”[①]

然则作品类型众多、文学地位杰出的谢朓之赋、之文、之诗，其内容与风格究竟怎样呢？此据为谢朓编集的曹融南、陈冠球二位之见[②]，间参己意，概述如下。

先言谢朓之赋。谢朓赋今存9篇，内容则体物、状景、言志、抒情、叙事，形式则排偶严格、声韵抑扬、辞藻丰富。如体物小赋善于借物喻意，赋

---

① ［清］严可均校辑：《全上古三代秦汉三国六朝文》，中华书局，1958年版，第3011页。

② 曹融南《谢宣城集校注·前言》，陈冠球《谢宣城全集·谢朓》。

高松之“修干垂阴，乔柯飞颖；望肃肃而既闲，即微微而方静。怀风音而送声，当月露而留影；既芊眠于广隰，亦迢递于孤岭。集九仙之羽仪，栖五凤之光景；固松木之为选，贯山川而自永”(《高松赋》)，赋杜若之“结根擢色，发曜垂英；缘春峦以纤布，荫凉潭而影清。景奕奕以四照，枝靡靡而叶倾；冒霜蹊以独蒨，当春郊而迳平”(《杜若赋》)，都是精妙传神，既颇得“体物而浏亮”之旨，亦见作者志趣与神意所关。至于《思归》《酬德》两篇长赋，则较多宣泄了作者对人生遭遇的感叹。《思归赋》设想着筑室闲居、林园自乐的归后生活，向往着悠然物外、怡养虚白的道家修炼，结句“岂加璧之赠可动，执圭之位能缠！归来薄暮，聊以永年”，这样的决绝态度、自拔心情，显见谢朓对现实政治的极度失落。又《酬德赋》作于谢朓“启王敬则反谋”“迁尚书吏部郎”之后，其时物议众多，谢朓向知己好友沈约倾吐内心，赋中历叙平生，诉说胸臆，极尽低徊哀婉之致，结句“齐天地于倏忽，安事人间之纡婞哉”，表达了回归天地自然、摆脱人间是非曲直的强烈愿望，而赋成不久，谢朓即“岂言陵霜质，忽随人事往”[①]，含冤离世，升天仙游了。

次言谢朓之文。谢朓文今存19篇，分章、笺、启、教等九体。《文心雕龙·总术》：“今之常言，有文有笔，以为无韵者笔也，有韵者文也”，谢朓之文多出以骈偶，乃有韵之文，其中优好的作品，文采绚烂，偶对稳称，用事洽切，音调谐协，述意典重，情思隽永。即以入选《文选》的两篇文章为例，《齐敬皇后哀策文》抒情深婉，文辞雅瞻，有典有则，亦切亦流，乃至“齐世莫有及者”；而《拜中军记室辞随王笺》既委婉宣泄遭遇谗毁的内心抑郁，也深刻吐露留恋随王的绵密情谊，明人王世贞赞为“绝妙好辞”，明人张溥赞为“独绝”，清人方伯海以为“选词造句，无字不新，无语不炼，清新俊逸”，清人蒋士铨以为“遒宕温丽，高压流辈”，又明人孙鑛指为“此永明体之大概也”，清末民初王文濡则分析道：“齐梁以后，文尚浮嚣，玄晖特起，独标风骨。此文华实并茂，悠然神往，洁比白云在天，清比青江可望，是齐梁体之矫矫者。”[②]

再言谢朓之诗。如果说谢朓之文，若南宋楼炤刊刻《谢宣城集》时所

① [梁]沈约：《伤谢朓》。
② 诸家评论，见《谢宣城集校注》，第59—60页。

谓"其可采者已载于本传、《文选》,余视诗劣焉,无传可也,遂置之",谢朓之赋,又如曹融南《谢宣城集校注·前言》所谓"早期所作,多出于'奉命''应教',有的且标明是'拟',所以成就不算大",亦即古往今来还有些贬词非议的话,那么,谢朓之诗,可谓古往今来,众口一词,推尊有加,乃至如清人叶燮《原诗》中的称道:"六朝诗家,惟陶潜、谢灵运、谢朓三人最杰出,可以鼎立。"[①]然则相对于陶潜、谢灵运,谢朓诗的内容与风格,仍然有待申明,谢朓诗的贡献与地位,尤其亟待表彰。兹分述之。

其一,谢朓诗的内容与风格。

谢朓的宫廷诗包括应诏侍宴、制礼作乐诸作,多属歌功颂德、汩没性情,但仍笔墨雅丽,典型者如本书开篇所引之《入朝曲》;

谢朓的闲情诗包括乐府短句、艳体和作,反映了妇女的幽怨、豪门的奢华,如《玉阶怨》《铜爵悲》等;

谢朓的咏物诗观察入微,不仅能得体物之妙,而且托物伸意,颇富物外之旨,或自得如"蕙草含初芳,瑶池暖晚色。得厕鸿鸾影,晞光弄羽翼"(《咏鸂鶒》),或自叹如"根叶从风浪,常恐不永植。摄生各有命,岂云智与力"(《蒲生行》),又或讥讽群小如"安根不可知,萦心终不测。所贵能卷舒,伊用蓬生直"(《咏兔丝》);

谢朓的饯别诗,名句如"驰晖不可接,何况隔两乡。风烟有鸟路,江汉限无梁"(《暂使下都夜发新林至京邑赠西府同僚》)、"心事俱已矣,江上徒离忧"(《新亭渚别范零陵云》)、"挥袂送君已,独此夜琴声"(《送江兵曹檀主簿朱孝廉还上国》)、"沫泣岂徒然,君子行多露"(《临溪送别》)等,皆情深意真;

谢朓的怀古诗不多,典型者如《和王著作融八公山》。百余年前,八公山上草木皆兵,与淝水半渡大败前秦,都是当年谢氏子弟建立殊勋的标志。在这首诗中,谢朓既缅怀先祖谢安、谢玄保全东晋的丰功伟绩,所谓"戎州昔乱华,素景沦伊谷。阽危赖宗衮,微管寄明牧。长蛇固能翦,奔鲸自此曝",又叹息自己有志边事、惜无建树,祝愿王融能竟其功:"平生仰令图,吁嗟命不淑。浩荡别亲知,联翩戒征轴……春秀良已凋,秋场庶能

① 《谢宣城集校注》,第437页。

筑。”此诗与《和伏武昌登孙权故城》之“先写繁华，后叙萧索，凭吊之情极畅”，前贤评为皆属“排比铺陈”“典重质实”之作[①]。

图10　淝水之战古战场八公山

谢朓的政治诗或诗中的“政治句”率直可取，或表现建功立业之志、激昂雄健之音，或反映“既欢怀禄情”“歧路多徘徊”的身心矛盾。前者如“自勉辍耕愿，征役去何言”(《从戎曲》)、“岂不思抚剑，惜哉无轻舟”(《和江臣北戍琅邪城》)；后者如《始出尚书省》(494年作)，先说武帝萧鸾太平时代：“惟昔逢休明，十载朝云陛。既通金闺籍，复酌琼筵醴”，再说继位的萧昭业却是昏君：“宸景厌昭临，昏风沦继体。纷虹乱朝日，浊河秽清济”，既言萧鸾辅政犹如东汉复兴，帝位隐然非鸾莫属：“英衮畅人谋，文明固天启……还睹司隶章，复见东都礼”，又言感激萧鸾的眷顾、不安萧鸾的猜忍：“趋事辞宫阙，载笔陪旌棨……零落悲友朋，欢娱宴兄弟”，如此处境之中，他乃想着自甘清寂、怀抱遁世：“既秉丹石心，宁流素丝涕。因此得萧散，垂竿深涧底。”又如《直中书省》(495年作)，在摹写殿廷壮丽华美、中书官职清要贵重后，却笔锋逆转道：“信美非吾室，中园思偃仰……安得凌风翰，聊恣山泉赏”，所谓“投外者必羡近臣，内直者自应作林泉想”[②]，这首日值苦闷中的写实之作，尽显谢朓对残酷的政争、艰险的仕途、无聊的侍臣日常之厌倦，对自由自在的生活、山水泉石的乐趣之向往。至于谢朓

① 分别为清人陈胤倩、张荫嘉、方植之评语，《谢宣城集校注》，第343页，第351页。
② 清人陈胤倩评语，《谢宣城集校注》，第214页。

在宣城太守任上的《始之宣城郡》《赋贫民田》等，则见他的为政思想与治民实践，这在第五章中会有涉及，此处不赘。

谢朓的山水诗，比重最大，造诣最高，既散见于各种题目，也多山水专题。散见者如《和刘绘入琵琶峡望积布矶》，“赪紫共彬驳，云锦相凌乱。奔星上未穷，惊雷下将半。回潮渍崩树，轮囷轧倾岸。岩篆或傍翻，石菌无修干。澄澄明浦媚，衍衍清风烂”，有声有色，有张有弛；《和王著作融八公山》，“兹岭复巑岏，分区奠淮服。东限琅邪台，西距孟诸陆。阡眠起杂树，檀栾荫修竹。日隐涧疑空，云聚岫如复”，地理险要、气势景物，历历在目。至于山水专题，如《游敬亭山》“人、仙、峰、溪、草、木、鸟、兽、云、雨，布置一一有次第，便是唐律所祖”，《将游湘水寻句溪》“命意超超……唐人不能道，翻有类于建安”[①]，这类山水诗以在宣城太守任上及其往返途中所创作者最为杰出，详细的分析亦见第四、五章，此处不赘。

其二，谢朓诗的贡献与地位。

谢朓诗在中国诗歌史上具有卓越的贡献与特定的地位。陈冠球《谢宣城全集·谢朓》指出：“情景、声律、品格、篇章，构成了艺术形式……就艺术上说，谢朓的创新之功不小。”谢朓诗的创新，也正表现在这些方面。关于声律，上节已述，以下略论情景、品格与篇章。

以论情景。谢朓富于感情，特重“诗主情”，又善于形象思维，遂使情与景会、即景引情、情景交融。其山水诗多情语、景语、真情、活景，其他题材也多深于情而妙于景。如《同王主簿有所思》：“佳期期未归，望望下鸣机。徘徊东陌上，月出行人稀”，后人评说：“先写情，后写景，则景中无非情矣。诗境超甚”[②]；又《赋贫民田》虽是政治诗，但想象远景“旧埒新塍分，青苗白水映。遥树匝清阴，连山周远净”，确实洋溢喜悦之情，胜过抽象的称美。

以论品格。诗品有多种，清丽居其一。《南齐书》本传已云谢朓“文章清丽”，清人施补华《岘佣说诗》更称“谢玄晖名句络绎，清丽居宗”[③]。诗品如人品，谢朓情慕清高，性好烟霞，所以其诗清丽而非俗艳；又内容决定形式，

① 明人孙鑛、清人陈胤倩评语，《谢宣城集校注》，第242页，252页。

② 清人张荫嘉评语，《谢宣城集校注》，第356页。

③ 《谢宣城集校注》，第442页。

谢朓山水诗写景抒情，咏物诗状物表意，形象性既强，敷陈色彩、摹写音响也大有讲究，所以清词丽句、奇章秀语随处可见。再有排偶间以散句，亦有清泠而不板滞之效，如《宣城郡内登望》“寒城一以眺，平楚正苍然”，领起有力，格高意远，《怀故人》“我行未千里，山川已间之”，自然流畅。

以论篇章。谢朓诗以小幅为多，大抵紧凑凝炼、体制完密、首尾圆合，少数长篇也是严整有度、浑然一体、条贯有序，即便如宫廷诗，有一题多首、一首多章者，同样能够做到各首自见分工，诸章俱有步骤。清人陈胤倩《采菽堂古诗选》曾论及谢朓诗有头有尾、密于体法，哪怕“篇篇一旨”，也能通过造句互殊解决雷同问题：“后人哦传警句，未究全文，知其造语之悠扬，不知其谋篇之深造也。发端结想，每获骊珠，结句幽寻，亦铿湘瑟。而《诗品》以为末篇多踬，理所不然。夫宦辙言情，旨投思遁，赋诗见主，固应归宿是怀。仰希逸流，贞观丘壑，以斯托兴，趣颇萧然，恒见其高，未见其踬。但嫌篇篇一旨，或病不鲜，幸造句各殊，岂相妨误？盖玄晖密于体法，篇无越思，揆有作之情，定归是柄，如耕者之有畔焉，逾是则不安矣……在齐梁诚首杰也。”[①]

然则“在齐梁诚首杰”的谢朓诗之贡献与地位，就如曹融南在《谢宣城集校注·前言》中的概括：

> 我国古典诗歌发展到齐梁时期，呈现出了新的面貌……其中，可以冠冕群伦、独步一代，又深远地影响后来的，允推谢朓……谢朓诗歌创作的业绩，除继踪前修把山水诗写作推向更成熟的境地，为盛唐山水田园诗派的兴起开辟道路外，他山水诗的融情于景，寄意象外，尤给唐人以很大启发。他的俪偶颇切、音律渐谐的“新体诗”制作，实是给唐代诗人写出严整成熟的律体诗积累着经验。他所特有的清绮圆融的风格，也很有助于宏丽朗润、优美自然的唐代诗风的形成。

如此全面的概括，如果具体落实或相对聚焦到谢朓的金陵山水都邑诗与宣城山水诗，又尤能见出其证据坚强、令人首肯。

---

① 《谢宣城集校注》，第438页。

第四章　金陵诗篇赏析与释地

谢朓出生于建康（今南京市），冤死于建康；谢朓之仕历，除了两年多在江陵（今湖北江陵县）、一年多在宣城（今安徽宣城市）、约一年在京口（今江苏镇江市）外，其他时间皆在建康。本章围绕谢朓的建康亦即金陵[①]诗篇，稍作赏析与释地，以应本书作为“南京历史文化名人系列丛书”之一种的立意。

一、都邑与“以山水作都邑诗”

东汉建安十六年（211），孙权将其政治中心从京（今镇江市）迁至秣陵（今南京市），并于次年取建功立业之意，改秣陵为建业。自此，南京开始了它作为“六朝古都”“十朝都会”的历史。当谢朓生活的时代，“钟阜龙盘，石头虎踞，真帝王之宅”[②]的建康[③]，已历为孙吴、东晋、刘宋、萧齐四朝都城，累计200多年。建康的都城风貌，西晋左思《吴都赋》咏吴都建业云：

高闱有闶，洞门方轨。朱阙双立，驰道如砥。树以青槐，亘以绿水。玄荫眈眈，清流亹亹。列寺七里，侠栋阳路。屯营栉比，解署钉

① 金陵为南京的古称与雅名。

② [南宋]张敦颐：《六朝事迹编类》卷二“形势门·石城”，上海古籍出版社，1995年版，第35页。按旧志多认此语为诸葛亮所说，其实赤壁之战（208）前，诸葛亮会见孙权的地点在柴桑（今江西九江市）而非京，所以诸葛亮没有到过秣陵，也不太可能发出这样的感叹。据陈寿《三国志》卷五十三《吴书·张纮传》南朝刘宋裴松之注引西晋虞溥《江表传》（中华书局，1982年版），建安十五年（210），“刘备之东，宿于秣陵，周观地形，亦劝（孙）权都之”，又《晋书》卷六十五《王导传》王导曰：“建康古之金陵，旧为帝里，又孙仲谋、刘玄德俱言王者之宅。”如此，“钟阜龙盘，石头虎踞，真帝王之宅”为刘备（刘玄德）所说的可能性更大。

③ 晋太康元年（280）灭吴，建业复名秣陵；三年（282）分淮水（今秦淮河）南为秣陵，北为建邺。建兴元年（313）因避愍帝司马邺讳，建邺再改建康。

布。横塘查下,邑屋隆夸。长干延属,飞甍舛互。

又刘宋元嘉七年(430)诃罗陁国(今印尼苏门答腊)使臣的奉表中描述宋都建康道:

城郭庄严,清净无秽,四衢交通,广博平坦。台殿罗列,状若众山,庄严微妙,犹如天宫。圣王出时,四兵具足,导从无数,以为守卫。都人士女,丽服光饰,市廛丰富,珍贿无量,王法清整,无相侵夺。学徒游集,三乘竞进,敷演正法,云布雨润。四海流通,万国交会,长江眇漫,清净深广,有生咸资,莫能销秽,阴阳调和,灾厉不行。谁有斯美,大宋扬都。[①]

又《南齐书·良政传》赞美萧齐武帝永明年间"都邑之盛"曰:

永明之世,十许年中,百姓无鸡鸣犬吠之警,都邑之盛,士女富逸,歌声舞节,袨服华妆,桃花绿水之间,秋月春风之下,盖以百数。

至于建康人口,稍后于谢朓生活的时代,唐朝《金陵记》记载:"梁都之时,城中二十八万余户。西至石头城,东至倪塘,南至石子冈,北过蒋山"[②],计算下来,即在东西12公里、南北8公里、约96平方公里的范围内,"二十八万余户"加上不在籍的荫户、工匠、僧尼、兵户、奴婢、外来商贩等,当时的都城人口在170万上下,每平方公里将近2万人。这是难以想象的人口规模与人口密度![③]又建康的社会生活丰富多彩、热闹繁华,如《隋书·地理志》中描述南朝"旧京所在"的建康:"人物本盛,小人率多商贩,君子资于官禄,市廛列肆,埒于二京,人杂五方。""二京"指唐朝的长安与洛阳。当时的建康城里,既有大市,也有小市,还有园林集市与各种专业集市,真是市场棋布,百货齐全,商贾云集。然则这样的建康都城,可谓宫室巍峨、人口密集、社会繁盛的东方世界第一大城,它就仿佛东方的太阳,照亮了周边的部族与国家。也是因缘于此,笔者目前供职的六朝博物馆,英文名称

① [梁]沈约:《宋书》卷九十七《夷蛮传》,中华书局,1974年版,第2380页。

② [北宋]乐史:《太平寰宇记》卷九十《江南东道·昇州》引,中华书局,2007年版,第1774页。按:石头城,今石头城一带;倪塘,今江宁区泥塘村;石子冈,今雨花台一带;蒋山,今紫金山。

③ 如2017年底,南京市鼓楼、玄武、秦淮、建邺四城区约260平方公里,约244万户籍人口,每平方公里的人口密度,不算户籍以外人口,才约1万人。

是“The Oriental Metropolitan Museum /The 3rd-6th Century”，翻译过来，就是“3至6世纪东方大都会博物馆”。

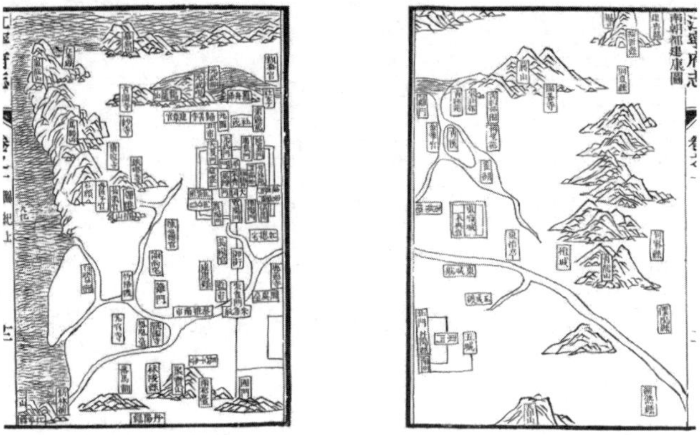

图11　明陈沂《金陵古今图考》之“南朝都建康图”（康熙《江宁府志》刻本）

东方大都会、南朝萧齐都城建康之人文风貌、自然景观，在谢朓的笔下也有精彩的呈现。以音韵铿锵、词采华丽的《永明乐》十首为例，即重在歌颂京都气象，如第三首：“朱台郁相望，青槐纷驰道。秋云湛甘露，春风散芝草”，亭台楼阁，星罗棋布，绿柳青槐，列于道旁，秋云飘来甘露纷降，春风吹拂灵芝仙草，一派宫室壮丽、祥瑞纷呈的景象；又如第十首：“彩凤鸣朝阳，玄鹤舞清商。瑞此永明曲，千载为金皇”，彩凤长鸣，旭日东升，玄鹤起舞，清商奏响，可谓贤才逢时，千载辉煌！谢朓之善于写景，如“秋河曙耿耿，寒渚夜苍苍。引领见京室，宫雉正相望。金波丽鳷鹊，玉绳低建章”（《暂使下都夜发新林至京邑赠西府同僚》），真切反映出皇都的秋夜景象；“远树暖仟仟，生烟纷漠漠。鱼戏新荷动，鸟散余花落。不对芳春酒，还望青山郭”（《游东田》），精细摹写了京郊的春日晴态；“朔风吹飞雨，萧条江上来。既洒百常观，复集九成台。空蒙如薄雾，散漫似轻埃”（《观朝雨》），则如画描绘出京华的雨景。[①]而特别值得指出的是，谢朓的金陵诗篇又呈现出明显的取向，此即明朝竟陵派文学大师钟惺所称道的：

玄晖以山水作都邑诗，非惟不堕清寒，愈见旷逸。[②]

---

① 参考《谢宣城集校注·前言》，第5页。

② [明]钟惺、谭元春：《诗归》，湖北人民出版社，1985年版，第247页。

何谓“以山水作都邑诗”？按在中国文学史上，最早以都邑为创作对象的文人作品，当推东汉初期杜笃的《论都赋》。该赋以主客问答的形式，将长安与洛阳两座都城进行了反复对比，认为东汉光武帝欲定都洛阳乃权宜之计，长安才是“帝王之渊囿，而守国之利器也”。其后，东汉班固的《两都赋》、张衡的《二京赋》以及西晋左思的《三都赋》先后问世，形成了著名的京都赋派。至于诗人的作品，最早涉笔这一题材者，首推曹植的《赠丁仪》《赠王粲》与左思的《咏史》等，及至刘宋鲍照《还都至三山望石头城》等诗问世，则标志着都邑诗这类山水诗新类型的基本确立。而受到上述诗赋作品的影响，谢朓在山水诗创作中，也有意识地选取当时的京城建康为描写对象，创作出颇多备受后人称道的“山水都邑诗”，此不仅扩大了山水诗的表现领域，丰富了山水诗的题材与内容，而且体现了山水诗新的审美追求。进之，相当程度上受到谢朓的影响，差不多同时的沈约、王融、范云等人，也加入到都邑诗的创作行列中，齐梁诗坛由此出现了一股新的创作潮流。[①]

二、金陵名诗赏析

谢朓“以山水作都邑”或吟咏山水都邑的金陵诗篇不少，其中颇有古往今来被推为名篇者。以下列举前文与后章较少涉及的5首，稍作赏析[②]，以见谢朓金陵山水都邑诗之一斑。

例一，《和江丞北戍琅邪城》。

此诗作于491年春，谢朓时年28岁。“江丞”即江孝嗣，事迹不详。“琅邪城”即南琅邪郡城，本治金城（今南京市东郊），萧齐永明六年（488）徙治白下（今南京市幕府山南麓），武帝萧赜曾多次驾临讲武。先是江孝嗣作《北戍琅邪城》诗以赠，诗云：“驱马一连翩，日下情不息。芳树似佳人，惆怅余何极。薄暮苦羁愁，终朝伤旅食。丈夫许人世，安得顾心臆。按剑勿

① 参考王辉斌：《先唐诗人考论》，第244—254页。

② 参考吴小如、王运熙、章培恒、曹道衡、骆玉明等：《汉魏六朝诗鉴赏辞典》，上海辞书出版社，1992年版。

复言，谁能耕与织”，诗意颇为愁苦，谢朓则和诗以勉励之：

春城丽白日，阿阁跨层楼。
沧江忽渺渺，驱马复悠悠。
京洛多尘雾，淮济未安流。
岂不思抚剑，惜哉无轻舟。
夫君良自勉，岁暮勿淹留。

全诗十句，每两句构成一个层次，其写景、抒情、议政、言志、劝勉，可谓层层推进，委婉曲折，顿挫往复。

首二句“春城丽白日，阿阁跨层楼”写城中静景，而又静中见动，烘托出京城建康的美丽壮伟。次二句“沧江忽渺渺，驱马复悠悠”写城外动景，诗人跨马出城，走近江边，面对滚滚东流的苍茫长江，心潮起伏，忧思难收。忧思何在？在于“京洛多尘雾，淮济未安流”。按洛阳为魏晋旧都，此处借“京洛”指京城建康，“尘雾”则暗喻统治集团内部的争权夺利；又淮水和济水都在当时的北部边境，“淮济”流水“未安”，实谓边境战事不息。盖谢朓以此劝慰江孝嗣，朝官并不值得羡慕，京城建康既“尘雾”极多，处身其间也是吉凶难卜，而北戍琅邪城虽苦，却是有志之士建功立业的天赐良机。即如谢朓自己，“岂不思抚剑，惜哉无轻舟”①，就期望着驾轻舟、抚利剑，奔赴边境，驰骋疆场，只可惜没有实现宏愿的途径。诗的最后，谢朓直言“夫君良自勉，岁暮勿淹留”，意为“属于我们的英雄时代即将过去，切莫贻误了良机！”

然则以劝勉为主旨的《和江丞北戍琅邪城》，不仅立意充满“正能量”，描写都邑山水之景也是颇富技巧。如“春城丽白日，阿阁跨层楼”，“丽”“跨”二字即为点睛神笔，因为“春城”可能风雨如晦，“白日”也可能烈炎可畏，着一“丽”字，春城便明媚景象全出，白日更显光彩绚烂可掬；“阿阁”指檐宇屈曲翘起之阁，“层楼”指多层高楼，着一“跨”字，阿阁与层楼便互欲超越、争奇斗胜，显得既壮观又活跃。又如由苍茫浩渺的江景，引出迷惘深沉的忧思，可谓平顺自然，于是“渺渺”具有了人文的感情，“悠悠”带上

---

① 此二句系化用曹植《杂诗七首》之五的诗句与诗意：“江介多悲风，淮泗驰急流。愿欲一轻济，惜哉无方舟。闲居非吾志，甘心赴国忧。”

了自然的意味，城里的楼阁与城外的江流，便都人文与自然合一了。

例二，《入朝曲》。

《入朝曲》是491年夏的作品，其创作经过与全诗十句，已见本书“楔子”，这里不再重复。此诗以写王侯公卿入朝盛况为由头，笔致明快、气势轩敞地描绘了金陵帝都的富丽堂皇与繁荣昌盛。

首联“江南佳丽地，金陵帝王州”总揽地理形势与历史变迁。江南土地广大，风光秀丽，物产富饶；金陵历史悠久，王气所钟，四朝建都。这两句，一从空间着墨，一从时间措笔，笔墨之中，闪烁着显赫辉煌的气派。

“逶迤带绿水”到“垂杨荫御沟”两联，具体描绘了其时“帝王州”的壮丽风貌，而又特别注重视角的变化。“逶迤带绿水，迢递起朱楼”为远眺：碧波荡漾的城河环绕着蜿蜒曲折的城墙，鳞次栉比、阳光照耀的高楼层层叠叠；“飞甍夹驰道，垂杨荫御沟”取近观：驰道两旁，矗立着甍宇齐飞、威仪舛互的皇宫高院，随着视野的延伸，驰道越远越窄，猛然看去，好像“飞甍”夹住了“驰道”，而伴着御沟，婆娑摇曳、垂枝拂水的杨柳，茂茂密密、一望无际。又重新组合来看，“逶迤带绿水”“飞甍夹驰道”以城墙的蜿蜒曲折和道路的绵长延伸，挖掘出诗境的远近纵深感，“迢递起朱楼”“垂杨荫御沟”以高楼的嵯峨入云和杨柳的婀娜多姿，拓展了诗境的上下层次感；这样的远近上下，又是绿水朱楼，红绿相映，飞甍杨柳，青黄相间。

然而谢朓仍不满足，他似乎觉察到静态刻画容易流于呆板单调，于是再紧跟“凝笳翼高盖，叠鼓送华辀”一联，以驷马飞驰、车盖摩云，极写道路的繁华，以华辀画舫、从容悠游，描摹河流的胜景，此出入的车辆、上下的画舫，又伴着舒缓的笳声与轻密的鼓点，这样，运动物于静景，寓音响于色彩，便景境全活、臻于高妙了，而皇京帝都的辉煌、壮丽、繁华、富足，也可谓渲染至极。

最后一联“献纳云台表，功名良可收”升华全篇。按《后汉书》卷二十二“论曰”：“永平中，显宗追感前世功臣，乃图画二十八将于南宫云台”，此“云台二十八将”，“咸能感会风云，奋其智勇，称为佐命，亦各志能之士也”。如此，建言以供采纳，成就功名事业，这虽是谢朓对幕主随王萧子隆的祝颂，其实也反映了青年谢朓激昂的政治热情与进取的精神风貌。在皇京帝都，谢朓心心念念着的，是不负陈郡谢氏往日的功名，是成就一番贵胄子弟的事业。

要之，谢朓的这首《入朝曲》，虽不出“颂藩德”的樊篱，格调却非同一般，其造境宏伟高健，措笔秀丽工整，语言清鲜流丽，洵为《鼓吹曲》中难得一见的上品；[①]至于佳丽地、帝王州、逶迤的绿水、迢递的朱楼、飞甍与驰道、垂杨与御沟、凝笳与叠鼓、高盖与华辀等都邑与山水，具象充满气势，意象开朗积极，至今读来，还是宛然在目、真切入耳，富有极高的审美价值。

例三，《直中书省》。

495年春，中书郎谢朓在中书省值班，吟出了“在省思归”的《直中书省》诗：

紫殿肃阴阴，彤庭赫弘敞。
风动万年枝，日华承露掌。
玲珑结绮钱，深沈映朱网。
红药当阶翻，苍苔依砌上。
兹言翔凤池，鸣佩多清响。
信美非吾室，中园思偃仰。
朋情以郁陶，春物方骀荡。
安得凌风翰，聊恣山泉赏。

此诗历来评价甚高，如清人张荫嘉云：“前十，起即点清省中，随细写省中之景，而以‘兹言’一联，就省中之人皆艳羡顿住，反喝下文。后六，接落己身。‘信美’句，忽将上文一齐撇落，转出归思，怀人玩物，恣赏山泉，皆思归之故也。前路啧啧铺陈，不图后路烟云尽扫，笔极不测。”[②]

所谓“前路啧啧铺陈”，可见萧齐建康皇城中书省的环境与景物：紫殿皇宫，彤庭深院，气势宏敞，威仪显赫，在这森严肃穆的氛围中，谢朓独自一人，置身其间，周围一片寂静，仿佛感受到一种莫名的压力。于是，他信步室外，但见熙熙春风，拂动着万年树，洋溢出脉脉生机，日光照耀，辉映

① 《入朝曲》在乐府诗中属《鼓吹曲》，而《鼓吹曲》多为军乐和宫廷宴乐，亦以赐有功诸侯，其内容大体歌功颂德一类，鲜有佳品。

② 《谢宣城集校注》，第215页。

着承露盘，闪现出熠熠金光。[①]回望绮钱窗装、朱网帘饰，那精巧的窗牖，玲珑剔透，一扇连着一扇，窗牖的上面，坠着华美的珠帘，显得富丽堂皇。[②]再低头细看，红的芍药，布满台阶，在春风摇荡中频频招展，青的莓苔，沿着石级，向上生长，一派春意盎然。这样风和日丽、宁静优雅的中书省，掌管机要，接近皇帝，位尊权重，可谓翔凤之池[③]，其间达官显贵，来来往往，珮饰作响，清越悠扬。以上这写景的十句，彰显了谢朓的艺术功力，如"'风动'二句，'动'字、'华'字活。'红药'二句，状物生动，出句尤佳"[④]。

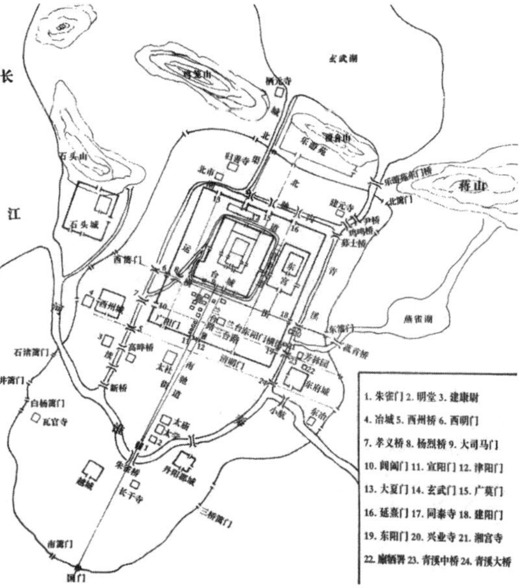

图12 梁朝建康城布局示意图(杨新华、王志高《南京城墙志》,2008年)

所谓"后路烟云尽扫"，又可见谢朓超尘出世的真心、返归自然的情怀：如此环境优雅、地位显赫的中书省，美则美矣，却非我身追求的"吾室"、我意栖止的"中园"，盖官场的沉浮荣辱与我的旨趣相去甚远，我心我身已然融入"中园"，那里山清水秀、春日胜游，嘉朋好友、朝夕欢聚，赋诗饮酒、俯仰终日，这样的山水之乐、朋友之谊、身心之畅，才是熏熏然令我

① 西汉都城长安郊外上林苑有万年树，又宫中有仙人掌托承露盘。

② 窗牖的四面，称绫、绮、连、钱；绮制的网状帘幕称"朱网"。

③ "翔凤池"系化用"凤凰池"典故。西晋荀勖由中书监徙为尚书令，有人祝贺他，荀勖气愤道："夺我凤凰池，卿诸人何贺我邪？"中书省遂有"凤凰池"美称。

④ 清人陈胤倩评语，《谢宣城集校注》，第214页。

陶醉的生活。谢朓梦想着插上翅膀、凌风凭虚，飞向那山水自然之境，自由自在地恣赏山泉、啸傲林壑。

“前路啧啧铺陈”“后路烟云尽扫”，这样欲扬先抑、欲正先反的表现手法，既使全诗结构波澜起伏，饶有一唱三叹之致，又让读者在峰回路转之中，领悟到诗人厌弃官场、畅心达性的真情。

例四，《和徐都曹出新亭渚》。

同样是在495年春，先是都曹徐勉作《昧旦出新亭渚》诗：“驱车凌早术，山华映初日。揽辔且徘徊，复值清江谧。杳霭枫树林，参差黄鸟匹。气物宛如斯，重以心期逸。春堤一游衍，终朝意殊悉”，谢朓乃和诗云：

宛洛佳遨游，春色满皇州。
结轸青郊路，回瞰沧江流。
日华川上动，风光草际浮。
桃李成蹊径，桑榆荫道周。
东都已俶载，言归望绿畴。

此诗的风格与意境，清人方伯海评曰：“一幅春游图，清新生动。不以摹拟损才。但据大意，是刺其乐游无节，非美之也。”[①]

据徐勉诗题与谢朓和诗[②]，“昧旦”乃天色将明未明之时，新亭渚在都城建康郊外江边，所以这是一首纪游诗。春天的早晨，天刚蒙蒙放亮，诗人就已来到新亭渚。当他停车小憩，回望郊外黎明曙光，不禁怦然心动，被迷离春色深深吸引，于是发言赞叹：“宛洛佳遨游，春色满皇州。”“宛洛”本指东汉“南都”南阳郡宛县与都城洛阳，《古诗·青青陵上柏》即有“驱车策驽马，游戏宛与洛”诗句；“皇州”指都城建康。正是由于“宛洛佳遨游”的雅兴勃发和“春色满皇州”的神奇吸引，诗人才鸡鸣驱车、遨游郊外。

娱情遣兴的这次出游，景随时异：先是停车郊路，远望长江，但见东方熹微，黎明曙光在江面上轻抹了一层苍茫之色。稍待，一轮红日冉冉升起，万道霞光洒满江面，流水滔滔，波光粼粼，仿佛阳光在水面上泛动；青青原草，沐浴着火红的朝霞，宛如春风日光浮现其上，煞是可爱。这联绘

① 《谢宣城集校注》，第325页。
② 唐人李善注《文选》云谢朓诗原题作“和徐都曹勉昧旦出新渚”。

景，清鲜明丽，细腻新颖，最富魅力，“看他自在写来，能不推为绝唱”，可谓“千古如新”。[①]再看那桃李成蹊、桑榆荫道，也觉新鲜可爱。值得玩味的是，这三联虽都全力写景，但先写内蕴浑厚之苍江曙色，接写旭日初升之自然景象，再写春满大地之桃李成蹊、红日高照的桑榆树影，如此不仅时间流程非常明显，而且各联景致别具特色，诗人驻足郊外而移时入神的形象、留连春光而赏爱自然的情怀，也是跃然纸上。又末联结篇，既写建康已经进入耕种时节，又写诗人在归途中，不时将目光投向绵延无际的绿畴，心情仍然驻守在那随车闪过的农家田园风光。

古来诗评家多以为，此诗对仗工稳，声律考究，显示了“永明体”的鲜明特征，其剪裁布景、因景化境，也是功力深厚，所谓“风华旖旎，句句皆熨帖而成，何等细密”，“佳处正在字句之间，此所以渐异于古也”。[②]又与徐勉《昧旦出新亭渚》比较，徐诗逐一描写京郊出游的全部过程，谢朓则或大笔涂染、或精工刻划从京城到郊外、从东方初白到红日高照、从大江小草到桃李桑榆、从来时到归途的景与情、物与心，虽通篇不着一字抒怀，却处处闪现诗人对勃郁而永恒的生命之珍爱，对清新而悦目的春色之沉浸，从而使全诗呈现出篇结而意不绝、言尽而境延伸的风貌，可谓思情邈远，韵味无穷。

例五，《晚登三山还望京邑》。

495年暮春，谢朓由中书郎改任宣城太守，离京赴任途中，他满怀真情实感，写下了《晚登三山还望京邑》：

灞涘望长安，河阳视京县。
白日丽飞甍，参差皆可见。
余霞散成绮，澄江静如练。
喧鸟覆春洲，杂英满芳甸。
去矣方滞淫，怀哉罢欢宴。
佳期怅何许，泪下如流霰。
有情知望乡，谁能鬒不变？

---

① 清人成倬云、方植之评语，《谢宣城集校注》，第324页。
② 清人成倬云、何焯评语，《谢宣城集校注》，第325页。

此行宣城，谢朓又有《京路夜发》《之宣城郡出新林浦向板桥》等诗，皆属旅途抒情之名篇，或眷念京邑，或忧惧灾祸，或委婉自宽……

《晚登三山还望京邑》抒写诗人登临三山所见傍晚春景、遥望京邑引起的不忍遽去之情。按三山为从建康到宣城的必经之地，位于建康西南长江东岸，其与建康的距离，相当于从灞桥到长安，以此诗的首句"灞涘望长安"借用汉末王粲《七哀诗》之一"南登灞陵岸，回首望长安"可谓十分贴切；次句"河阳视京县"则借用西晋潘岳《河阳诗》之二"引领望京室"句意，暗示他此去宣城为郡守、遥望京邑建康，正如潘岳在河阳为县令、遥望京城洛阳。王粲的《七哀诗》作于汉末李傕、郭汜大乱长安之时，王粲的"灞涘望长安"不仅是对长安的眷恋，更有向往明王贤伯、重建清平治世的愿望；谢朓这次出守宣城之前，建康朝廷一年之内三换皇帝，也正处于皇权争夺、朝政诡谲的局面之中，谢朓的"灞涘望长安"，不仅含蓄表达了离京难舍的心情，更有隐忧动荡时局的笔意。

首二句领起恋乡思政之意，接六句遂扣题写景：远远望去，皇宫和贵族邸宅的飞甍，在落日照射下明丽辉煌，参差错落的宫殿楼阙，在专注凝视中清晰可见；白日已经西沉，灿烂的余霞铺满天空，犹如一匹散开的锦缎，山下清澄的大江，不舍昼夜地流向远方，仿佛一条明净的白练；喧闹的归鸟盖满了江中的小岛，各色的野花开遍了芬芳的郊野。感受着此景此情，白日已渐变成余霞，城中的居所却还历历可见，倦飞的鸟儿正在归巢，家乡的春色仍然满目如画，我却将去游宦的他方，怎不教人依恋难舍？于是由景转情，再六句推展抒情：已去而复半途迟留，怀乡而罢旧日欢宴，想到久客在外、还乡佳期遥不可知，泪珠便如雪糁般散落胸前，毕竟人生有情，终知望乡，长此以往，谁能担保黑发不会变白？至此，诗人的情绪也在抒发人生感慨中跌落到了最低点。

作为拥有后世无数知音的这首名篇，其写景，层次清晰，色彩斑斓，其抒情，单纯柔和，轻清温婉，大唐诗仙李白由此吟出"解道澄江净如练，令人长忆谢玄晖"[①]（《金陵城西楼月下吟》），清人何焯同情谢朓"'喧鸟''杂

① 据逯钦立辑校《先秦汉魏晋南北朝诗》，第1430页，谢朓"澄江静如练"之"静"，"《文镜秘府》作净。《寰宇记》同"。

英’自比，曾不如微禽纤草犹得其所耳”，清人陈胤倩赞赏“一起一结，情绪相应，法既密而志复显”，云云。[①]的确，谢朓含英咀华、精锤细炼的遣字用词，如“绮”“练”两个喻象，既给人静止柔软的直觉感受，也与黄昏时平静柔和的情调十分和谐，又“鸟覆”“英满”颇得细墨点染的佳趣，“喧鸟”越发衬出傍晚江面的宁静，“杂英”恰似与满天落霞争美斗艳，又“去矣”“怀哉”一对虚词对仗，造成了散文式的感叹语气，富有声情摇曳的节奏感。虽然相对言之，本篇仍沿袭了谢朓族伯谢灵运前半写景、后半抒情的程式，抒情的最后两联也稍显消沉，不称前面写景的壮阔，但谢朓的景物剪裁、风格清丽、情韵自然，已经标志着山水诗在艺术上的成熟，并对唐诗产生了直接的影响。所以李白每逢胜景，常有“恨不携谢朓惊人诗来，搔首问青天耳”[②]的长叹。

三、诗中金陵释地

以上两节，既简单交代了六朝都城建康（建业）之人文风貌与自然景观，总结提示了谢朓“以山水作都邑诗”的艺术特征，又举5首金陵名诗的赏析为例，以见建康山水都邑与谢朓金陵山水都邑诗之一斑。行文至此，似乎可以打住了。然而及读元人方回评《晚登三山还望京邑》的下段文字，又感觉还有必要就谢朓的金陵诗或诗中的金陵稍作释地：

> 起句以长安、洛阳拟金陵，用王粲、潘岳二诗，极佳……三山今犹如故，回望建康甚近，想六朝时甚盛也。味末句，其惓惓于京邑如此，去国、望乡，其情一也，有情无不知望乡之悲，而况去国乎！[③]

谢朓为何“以长安、洛阳拟金陵”？方回如何“三山今犹如故，回望建康甚近，想六朝时甚盛也”？谢朓“惓惓于京邑”在诗中的表现怎样？进而言之，谢朓诗中涉及哪些金陵地名？相关诗句又是怎样的？在当今南京重

① 《谢宣城集校注》，第279页。
② ［后唐］冯贽编：《云仙杂记》卷一，《丛书集成初编》本，第5页。
③ ［元］方回：《文选颜鲍谢诗评》卷三，《四库全书》本，第20页。

视历史文化遗产的氛围中，对此稍作条列与解释，应该还是颇具现实意义的。

通读曹融南校注集说的《谢宣城集校注》，上节赏析的5首金陵名诗中涉及的南京地名，有琅邪城、新亭渚、三山，涉及的南京别称，有春城、京洛、金陵、宛洛、皇州、东都、京邑；再检谢朓的其他诗篇，言及的南京地名尚有华光殿、天渊、石头、新林、鳷鹊、建章、东田、清淮、板桥、丹阳等，言及南京的别称尚有上京、洛城、清都等。今一并分类条释如下。①

1. 金陵

《入朝曲》云："江南佳丽地，金陵帝王州。"

南朝萧齐谢朓时代，今南京城既为都城，也是州（扬州）、郡（丹阳郡）、县（建康、秣陵）三级政区治所，金陵则是南京地区先秦时代的古称、先秦以降直到今天的雅称。

先是战国时代，约在公元前333年，楚威王熊商在今南京清凉山一带设立"金陵邑"，楚国的"邑"相当于县，这是南京主城区建置政区之始。关于"金陵"的得名，众说纷纭，南宋周应合《景定建康志》卷五《辨金陵》概而言之：

> 考之前史，楚威王时，以其地有王气，埋金以镇之，故曰金陵。又曰地接金坛，其山产金，故名。于是因山立号，置金陵邑。至秦始皇时，望气者谓其地有天子气，又埋金宝于山以厌之。昔有一碣，在靖安道间，题为《埋金碑》，其文曰："不在山前，不在山后，不在山南，不在山北，有人获得，富了一国。"耆老指为秦时古碑。

周应合则以为楚、秦埋金之说，乃是熊商、嬴政有意"以愚黔首"，盖"地有王气，楚、秦所忌，故将凿山以泄其气也。役其人以凿山，则人未必从，于是借埋金之说"，引诱"黔首"到处乱挖，"而楚、秦之君求泄山气之谋遂

① 谢朓的赋与文中涉及具体的南京地名较少，粗粗检核，《思归赋》之"考华城之直陌，相洛浦之回阡"，曹融南《谢宣城集校注》第20页云："古以京师为礼文昌盛之区，故称京师为华城。此指建康。洛浦，洛水之滨。天子所都每可言洛，此亦指建康。"又《酬德赋》："怅分手于东津，望徂舟而延伫"，曹融南《谢宣城集校注》第9页云："东津，谓方山之津。《丹阳郡图经》：'方山在江宁县东五十里，下有湖水。旧扬州有四津，方山为东，石头为西。'按方山在今南京市东南、秦淮河东。"

矣。则是埋金之说，所以为驱人凿山之术，岂真埋金也哉”[①]。又胡箫白指出：“其实真正可考的‘金陵王气’之说，开始出现于东汉末年，应该是当时的吴王、日后的吴大帝孙权为了建都南京而进行的一种舆论宣传。通过这样的宣传，可以为孙权其人蒙上一种神秘的色彩，强化其政权的合法地位。”[②]

其实，无论“金陵”是如何得名的，金陵的地理，确实是“钟阜龙盘，石头虎踞”，金陵的历史，确实是“江南佳丽地，金陵帝王州”，金陵之名，确实以其看似义正音响、辉煌明亮，而为文人墨客所喜用，如直到近代，1934年10月18日，中央大学教授朱偰在其《金陵古迹图考·自序》中，仍充满感情地写道：“此四都之中，文学之昌盛，人物之俊彦，山川之灵秀，气象之宏伟，以及与民族患难相共、休戚相关之密切，尤以金陵为最。”[③]

2. 京洛、洛城、宛洛

谢朓诗中，常以洛阳，偶以宛城、又以宛洛代指萧齐都城，于是有了“京洛”“洛城”“宛洛”一类建康代称。这里的“洛”指洛阳，“宛”指宛县。

“京洛”及其描写，如《永明乐》第七首“燕驷游京洛，赵服丽有晖。清歌留上客，妙舞送将归”，《和江丞北戍琅邪城》“京洛多尘雾，淮济未安流”，《答张齐兴》“谁知京洛念，髣髴昆山侧”，《酬王晋安》“谁能久京洛，缁尘染素衣”。

“洛城”及其描写，如《赠王主簿》：“徘徊韶景暮，惟有洛城隅。”

“宛洛”及其描写，如《奉和竟陵王同沈右率过刘先生墓》“仁焉徂宛洛，清徽夜何早！岁晚结松阴，平原乱秋草”，《和徐都曹出新亭渚》“宛洛佳遨游，春色满皇州”，《始之宣城郡》“弃置宛洛游，多谢金门里”。

按洛阳为东汉、曹魏、西晋之都；493年，鲜卑拓跋的北魏又从平城（今山西大同市）迁都洛阳，洛阳成为北魏全盛时期的都城。另一方面，自从“五胡乱华”，司马睿、王导在江南重建晋朝（所谓的“东晋”），后来东晋、刘

---

① ［南宋］马光祖修，周应合纂：《景定建康志》卷五，《金陵全书》本，第一册，南京出版社，2010年版，第311—314页。

② 胡箫白：《中国：自称与他称》，中国社会出版社，2015年版，第164页。

③ 朱偰所谓“四都”，西安、洛阳、南京、北京。

宋、萧齐又相继禅让，于是洛阳屹为保有文化正统的南方华夏王朝心心念念的地理正统之象征，这又表现在众多的方面。以言政治，因为洛阳为正统象征，所以退守南方的华夏王朝如东晋、刘宋、萧齐一直着意于恢复洛阳，或者迄未放弃扬言恢复洛阳；以言军事，如东晋桓温、谢玄、刘裕与刘宋到彦之都曾收复洛阳，而每次收复，也都会引起南方建康朝野迁都洛阳之议；再言文学，诚如程章灿所指出的：

> 在东晋南朝人的记忆中，（洛阳）这个城市的图像最为清晰，因为在历史年代上与他们最靠近……这样，我们就能理解，尽管洛阳早已不在齐、梁疆域内，为什么南朝人还喜欢写洛阳……要记住，诗文里的洛阳并不是现实的洛阳，而是传统的洛阳；诗里的洛阳街衢，不是现实的景象，而是文人的虚想……这些诗作的现实原型，其实就是他们所居住的城市，就是他们所熟悉的建康城。在这里，建康隐藏于语言帷幕之后，在前台出现的是一个被置换的角色。诗歌中的洛阳是文学的隐喻，它其实是建康的化身。[①]

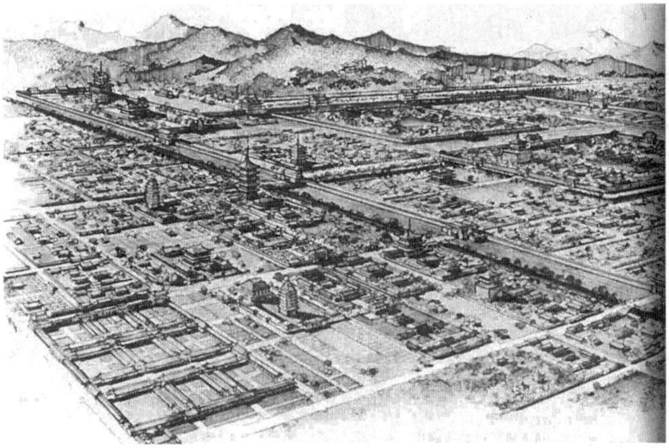

图13　北魏洛阳城想象复原图(据“洛阳信息港”)

谢朓诗中以京洛、洛城、宛洛代指建康，正是这种情形的注脚。洛阳的象征意义已如上述。“宛”即宛县，东汉一朝，南阳郡及其治所宛县，因为拥有“光武故里”[②]的政治地位，以及在首都洛阳之南，而被尊为“南都”，如

① 程章灿：《旧时燕——一座城市的传奇》，凤凰出版社，2006年版，第100页。

② 东汉始主光武帝刘秀为南阳郡蔡阳（今湖北枣阳市西）人。

东汉张衡即有著名的《南都赋》，盛赞"于显乐都，既丽且康"的"汉之旧都"南阳，汉末诸葛亮为刘备筹划的《隆中对》，亦有"天下有变，则命一上将将荆州之军以向宛、洛，将军身率益州之众出于秦川，百姓孰敢不箪食壶浆以迎将军者乎？诚如是，则霸业可成，汉室可兴矣"的宏图大业，如此，称建康为"宛洛"，又带上了特殊的政治意义。

3. 皇州、上国、上京、京邑、东都、春城、清都

谢朓诗中以"皇州"称建康之例，如《和徐都曹出新亭渚》"宛洛佳遨游，春色满皇州"，《和萧中庶直石头》"皇州总地德，回江款岩徼"；以"上国""上京"称建康之例，如诗题《送江兵曹檀主簿朱孝廉还上国》及其诗句"方舟泛春渚，携手趋上京"；以"京邑"称建康之例，如《暂使下都夜发新林至京邑赠西府同僚》《晚登三山还望京邑》诗题，《将发石头上烽火楼》"徘徊恋京邑，踯躅躧曾阿"；以"东都"称建康之例，如《奉和随王殿下》其六"愿辍东都远，弘道侍云梁"，《和徐都曹出新亭渚》"东都已俶载，言归望绿畴"；以"春城"称建康之例，如《和江丞北戍琅邪城》"春城丽白日，阿阁跨层楼"；以"清都"称建康之例，如《奉和随王殿下》其五"肃景游清都，修簪侍兰室"。

以上这些谢朓诗中建康的别称，大多字义明确，不难理解，如皇州、上国、上京、京邑显示了都城的政治地位，春城赞美了都城的自然景观与人文风貌，清都本指天帝所居、也指人间的京城，惟"东都"之称，或因相对于统一的晋朝（西晋）之都洛阳而言，东晋南朝都城建康在东，故名，这就仿佛"史称"的西汉（都长安）与东汉（都洛阳）、西京（西汉的代称）与东京（东汉的代称），都是相对的概念。

4. 丹阳、琅邪城、石头

"丹阳"异地同名甚多，作为政区专名，也或为郡或为县。谢朓有《休沐重还丹阳道中》诗，诗题的丹阳，指治所在今南京市的丹阳郡。《南齐书·州郡志》扬州治丹阳郡，丹阳郡领建康、秣陵、丹阳、溧阳、永世、湖熟、江宁、句容八县。谢朓描写还丹阳道中所见景致云："汀葭稍靡靡，江菼复依依。田鹄远相叫，沙鸨忽争飞。云端楚山见，林表吴岫微。"

谢朓《和江丞北戍琅邪城》诗之赏析见上节，此“琅邪城”即南琅邪郡城。南琅邪郡本系西晋徐州琅邪国之侨置，东晋称琅邪郡，刘宋改南琅邪郡。《宋书·州郡志》南徐州刺史南琅邪太守：“晋乱，琅玡国人随元帝过江千余户。大兴三年，立怀德县。丹阳虽有琅玡相而无土地，成帝咸康元年，桓温领郡，镇江乘之蒲洲金城上，求割丹阳之江乘县境立郡，又分江乘地立临沂县”；《南齐书·州郡志》南徐州南琅玡郡：“本治金城，永明徙治白下。”金城，在今南京市东郊；白下，在今南京市北幕府山南麓。白下之琅邪城，“地带江山”，形势颇重，永明六年(488)九月壬寅，武帝萧赜即“车驾幸琅邪城讲武，习水步军”，次年六月丁亥，再次“车驾幸琅邪”，491年九月戊辰，萧赜又“车驾幸琅邪城讲武，观者倾都，普颁酒肉”。①

谢朓《将发石头上烽火楼》诗云：“徘徊恋京邑，踯躅蹰曾阿。陵高墀阙近，眺迥风云多。荆吴阻山岫，江海含澜波。归飞无羽翼，其如离别何。”又《和萧中庶直石头》诗描写石头之山川险要、城阙雄伟、景色壮丽道：“九河亘积岨，三嵏郁旁眺。皇州总地德，回江款岩徼。井干艴苍林，云甍蔽层峤。川霞旦上薄，山光晚余照。翔集乱归飞，虹蜺纷引曜。”按此诗题中的“石头”指石头城(今南京市清凉山一带)。石头城因山为城，因江为池，西俯长江，南控秦淮河入江之口，为六朝京都形势险要所在，所谓“钟阜龙盘，石头虎踞，真帝王之宅”，又《三国志·吴书·张纮传》注引西晋虞溥《江表传》：金陵“地势冈阜连石头……地形有王者都邑之气”，又《六朝事迹编类》卷二“形势门·石城”云：“吴孙权沿淮立栅，又于江岸必争之地筑城，名曰石头，常以腹心大臣镇守之……由晋以来，常为战守之地。左太冲《吴都赋》云‘戎车盈于石头’，盖谓此也”②，又《六朝通鉴博议》卷一“徙治建业”：“自孙权始基，东晋以后仍而不改，以重兵戍石头，以宗室镇京邑，而建业尝为江南都邑之地。”③又烽火楼“在石头城西南最高处……齐武帝登烽火楼，诏群臣赋诗，萧颖胄诗合旨，帝谓颖胄曰：‘宗室便不乏才。’”④

---

① 《南齐书》卷三《武帝纪》，第55页，第57页，第59页。

② ［南宋］张敦颐：《六朝事迹编类》卷二“形势门·石城”，第35页。

③ ［南宋］李焘：《六朝通鉴博议》卷一“徙治建业”，南京出版社，2007年版，第163页。

④ ［南宋］张敦颐：《六朝事迹编类》卷四“楼台门·烽火楼”，第47页。

图14　石头城

5. 华光殿、鸩鹊、建章、天渊

谢朓诗中与建康宫殿有关的地名，有华光殿、鸩鹊、建章、天渊等。

以言华光殿，如《侍宴华光殿曲水奉敕为皇太子作》《三日侍华光殿曲水宴代人应诏》诗题。梁陈间顾野王《舆地志》云："建康县台城华光殿，梁武帝大通中施于草堂寺。人洗取诸货值百万，以其地起重阁九间。"[①]又曲水宴，《荆楚岁时记》记载："三月三日，四民并出江渚池沼间，临清流为流杯曲水之饮。"[②]而据王融、沈约诸人诗作，萧齐诸帝曲水宴盖每岁举行，而且地无定处，总之都选风景优美的清流萦绕所在。[③]

以言鸩鹊、建章，如《暂使下都夜发新林至京邑赠西府同僚》诗句："金波丽鸩鹊，玉绳低建章。"按鸩鹊观、建章宫皆西汉武帝时所建，故址分别在今陕西淳化县西北与今西安市西北。萧齐建康亦有鸩鹊楼、建章宫，如梁吴均《与柳恽相赠答》之一："日映昆明水，春生鸩鹊楼。飘飏白花舞，澜漫紫萍流。"《南史·宋本纪》前废帝景和元年(465)八月："以北邸为建章宫。"

以言天渊，如《三日侍华光殿曲水宴代人应诏》诗句"濯龙乃饰，天渊在斯"，《三日侍宴曲水代人应诏》"极望天渊，曲阻誃榭"，《落日同何仪曹煦》"风入天渊池，芰荷摇复合"。按魏晋都城洛阳华林园中本有天渊池，

① [清]王谟辑：《汉唐地理书钞》，中华书局，1961年版，第193页。

② [梁]宗懔著，王毓荣校注：《荆楚岁时记校注》，文津出版社，1988年版，第126页。

③ 关于三月三曲水宴，参考胡阿祥：《〈荆楚岁时记〉：民众节日的写真》，《中国通史大师课》第105讲，喜马拉雅·新亚文化制作，2018年8月上线。

南朝宋齐建康华林园中亦有,《宋书·少帝纪》景平二年(424),少帝刘义符“夕游天渊池,即龙舟而寝”,《宋书·符瑞志》记文帝元嘉年间,天渊池芙蓉或“异花同蒂”或“二花一蒂”,又“二莲同干”,《南齐书·祥瑞志》又载:永明“七年,主书朱灵让于浙江得灵石,十人举乃起,在水深三尺而浮,世祖亲投于天渊池试之,刻为佛像”。

6. 东田

“东田”位于南朝都城建康东郊,钟山南麓,“齐梁时代,东田已由原先比较纯粹的农业性郊区,发展成为融合皇室贵族园宅、寺院、道馆、学馆等多种文化性建筑的地理区域”[①]。以萧齐言,最富盛名者为文惠太子萧长懋的东田楼馆,《南齐书·文惠太子传》:

> 以晋明帝为太子时立西池,乃启世祖引前例,求东田起小苑,上许之……后上幸豫章王宅,还过太子东田,见其弥亘华远,壮丽极目,于是大怒,收监作主帅,太子惧,皆藏匿之,由是见责。

又《南史·齐本纪·废帝郁林王》:

> 先是文惠太子立楼馆于钟山下,号曰“东田”,太子屡游幸之。

又《南史·沈约传》:

> 立宅东田,瞩望郊阜,常为《郊居赋》以序其事。

按唐人李善注《文选》所收谢朓《游东田》诗题云:“朓有庄在钟山,东游还作。”如此谢朓在“东田”也有庄宅。谢朓《游东田》诗云:“戚戚苦无悰,携手共行乐。寻云陟累榭,随山望菌阁。远树暧仟仟,生烟纷漠漠。鱼戏新荷动,鸟散余花落。不对芳春酒,还望青山郭。”清人张荫嘉评曰:“此赋游以适兴之诗,前四以写忧寻乐说起,点清出游东田。‘累榭’‘菌阁’,指山庄言。中四,写游时所见初夏之景。两远两近。后二,则以无春酒,遽言归,寄慨收住。”[②]

---

① 魏斌:《南朝建康的东郊》,《中国史研究》2016年第3期。

② 《谢宣城集校注》,第261页。

7. 新亭

谢朓有《新亭渚别范零陵云》《和徐都曹出新亭渚》诗，上节已对后一篇作了赏析。南宋《景定建康志》卷二十二“新亭”云：

> 新亭，亦曰中兴亭。去城西南十五里，近江渚。《丹阳记》曰：‘京师三亭。吴旧立，先基既坏，隆安中丹阳尹司马恢徙创今地’……宋孝武（刘骏）入讨，至新亭，修建营垒，因即位。王僧达始改为中兴亭。①

新亭故址在今南京城区西南小行附近。新亭地近江滨，六朝时为交通与军事要地，送别与游宴之所。新亭送别，常见于诗篇与民歌中，诗篇如谢朓《新亭渚别范零陵云》、徐陵《新亭送别应令》，民歌如《杨叛儿》之六“闻欢远行去，送欢至新亭。津逻无侬名”、《白附鸠》“石头龙尾弯，新亭送客渚。酤酒不取钱，郎能饮几许”；②而有关新亭游宴，最著名者当推东晋王导“愀然变色”。《世说新语·言语》：

> 过江诸人，每至美日，辄相邀新亭，藉卉饮宴。周侯（顗）中坐而叹曰：“风景不殊，正自有山河之异！”皆相视流泪。唯王丞相（导）愀然变色曰：“当共戮力王室，克复神州，何至作楚囚相对！”③

图15 《金陵十八景图》之“新亭”

① 《景定建康志》卷二十二，《金陵全书》本，第二册，第547页。

② 逯钦立辑校：《先秦汉魏晋南北朝诗》，第1488页，第2616页。

③ [南朝宋]刘义庆撰，徐震堮校笺：《世说新语校笺》，第50页。

王导这样的“愀然变色”，既成就了“南人与北人戮力同心，共御外侮，而赤县神州免于全部陆沉，东晋南朝三百年之世局因是决定矣”的伟大功业，也奠定了“民族因得以独立，文化因得以续延，不谓民族之功臣，似非平情之论也”的王导之卓越地位；[①]抑有进者，王导新亭之愀然变色，又与谢安东山弈棋破秦、刘裕气吞万里如虎、杨邦乂剖心就义等史事一起，成为南京这座华夏正统之都的深刻记忆，这样的记忆，又总是在国运衰弱、民族危亡、内忧外患的时刻，为史家放大渲染，为文人重新书写，为大众深切缅怀，从而发挥出或警醒、或激励、或鼓舞的现实作用，然则如新亭者，也便成为古都南京之突出的政治象征、独特的文化符号、鲜明的文学意象。[②]今日的南京，也正在规划重建新亭公园，以期发挥经世致用的史事功能。

8. 清淮、新林、板桥、三山

谢朓诗中涉及的金陵山水地名，有清淮、新林、板桥、三山等。

谢朓《和沈祭酒行园》：“清淮左长薄，荒径隐高蓬。回潮旦夕上，寒渠左右通。”诗中的“清淮”即今秦淮河。秦淮河古称“淮水”，及至南朝，多称“淮水”，偶称“秦淮”，唐朝以降，“秦淮”逐渐取代“淮水”，成为主要称谓。如所周知，“秦淮”得名于民间传说。相传秦始皇帝嬴政东巡经过此地，听信望气术士之言，凿方山，断长垄，开挖淮水与长江相通，以泄金陵王气，并改名为秦淮。其实，淮水本为自然河道，其拓宽与疏浚也主要是在六朝时期，与秦始皇帝无关。而秦始皇帝开河泄气之说特别是此说的流行，显然与东晋南朝建康贵为京都、隋唐地位一落千丈的强烈对比有关。正是在这样一盛一衰的巨大刺激下，民间广泛流行起了这样的说法，即把南京衰落的根源算到秦始皇帝的头上，因为王气被泄了，所以南京才败落了，而这未始不失为一种心理安慰或自我解嘲。

谢朓《暂使下都夜发新林至京邑赠西府同僚》《之宣城郡出新林浦向板桥》诗题中的新林、新林浦、板桥，亦为南朝建康重要的交通与军事地名。新林即新林浦，在今南京市西南，南宋《景定建康志》卷十九“新林

---

① 陈寅恪：《述东晋王导之功业》，收入陈寅恪著：《金明馆丛稿初编》，上海古籍出版社，1980年版，第48—68页。

② 参考胡阿祥：《华夏正统与城市兴衰：古都南京的历史特质》，《南京社会科学》2013年第12期。

港”云：

> 新林港，又曰新林浦。在城西南二十里。阔三丈，深一丈，长一十二里……李白《新林浦阻风寄友人诗》有云：“明发新林浦，空吟谢朓诗”；《送友人游梅湖》云：“暂行新林浦，定醉金陵月。”又韩翃《送客游江东》诗云：“君到新林江口泊，吟诗应赏谢玄晖。”盖玄晖有《新林向板桥》诗也。①

又板桥，即板桥浦，北宋《太平寰宇记》卷九十“板桥浦”：

> 板桥浦，在县南四十七里。五尺。源出观山，三十七里注大江。晋伐吴，其将张悌死于板桥，即此处。谢玄晖《之宣城郡出新林浦向板桥》诗云……②

要之，板桥浦、新林浦、新亭渚、新亭相互临近，皆为六朝都城建康西南长江边上的军事要地与交通津要。

谢朓《晚登三山还望京邑》诗，上节已作赏析。诗题的三山，在今南京市西南，长江东岸板桥浦西，尤为六朝建康形势所系重地。《太平寰宇记》卷九十“三山”：

> 三山，在县西南五十七里，周回四里。其山孤绝，面东，西截大江。按《舆地志》云：“其山积石，滨于大江，有三峰，南北接，故曰三山。旧为吴津所。”谢玄晖《晚登三山还望京邑》诗云……③

相对于金陵之压王气、秦淮之泄王气、新亭之“克复神州”等地名意象，“三山”地名之意象更为复杂，如胡箫白分析明朝文伯仁《金陵十八景图》将“三山”置于首位的原因指出：

> 排在十八景首位的三山，为南京城西南江边的自然胜景，承载的却是南京城命运衰微之起点的人文意涵。无论是李白那首著名的《登金陵凤凰台》，在“吴宫花草埋幽径，晋代衣冠成古丘”的怀古之

---

① 《景定建康志》卷十九，《金陵全书》本，第二册，第278—279页。

② ［北宋］乐史：《太平寰宇记》卷九十，第1779页。又“校勘记”云：“五尺”上脱“阔三丈”三字，“三十七里”上疑脱“流”字。

③ ［北宋］乐史：《太平寰宇记》卷九十，第1776页。

后，吟咏“三山半落青天外”的寓意，还是乾隆御诗“鼓棹三山正顺流，素车白马一时收”，用典为“王濬楼船下益州，金陵王气黯然收”的西晋灭吴之事，可以认为，金陵王气的首次消歇，正始于当年王濬水军集结的三山之畔的江边。以此，文氏以别具深意的“三山”作为开篇，代表了他对南京城命运的理解与对南京城形象的定位，已经回归到唐代“金陵怀古”文学母题造就的“意象化”的城市形象，即这是一座弥散着哀愁颓败气息的悲伤之城。[①]

如此，记忆着王濬伐吴、顺流鼓棹、径造三山的谢朓，其诗中的“灞涘望长安，河阳视京县……有情知望乡，谁能鬒不变”，便有了更加丰富的意蕴。

图16 《金陵十八景图》之“三山”

四、“有情知望乡”

据上所释，谢朓诗中具体的金陵地名虽然不多，但多联系着跌宕起伏的金陵人事，故而每每让人慨叹唏嘘，于是本无感情的、质实的地名，转为

① 胡箫白：《胜景品赏与地方记忆——明代南京的游冶活动所见城市文化生态及其意涵转变》，收入胡阿祥、范毅军、陈刚主编：《南京古旧地图集·文论》，凤凰出版社，2017年版，第125—141页。

深远复杂的文化符号与历史象征，诸如萧齐京都之别称金陵，代称之京洛、洛城、宛洛，美称之皇州、上国、上京、京邑、东都、春城、清都，政区名称之丹阳，军垒名称之琅邪城、石头城，宫殿地名之华光殿、鸡鹊楼、建章宫、天渊池，人文地名之东田、新亭，自然地名之清淮、新林、板桥、三山，便往往相当地耐人寻味，而又共同写照着谢朓那个时代京都建康的历史与现实、地理与文学、繁华兴盛与波诡云谲……

进而言之，这样的金陵、这样的建康，又是时常无力自主的"官人"、性情多愁善感的"文人"谢朓生于斯、长于斯的家乡，成功于斯、纠结于斯的舞台，对于这样的家乡与舞台，谢朓当然是充满感情的。以其思乡念归之情为例，曹融南即指出：

> 他以建康为自己的乡邑，离去时常表现出恋恋不舍，居外时更多表现出眷念深情。如《京路夜发》中，一再慨叹着："故乡邈已夐，山川修且广"；"行矣倦路长，无由税归鞅"。在《晚登三山还望京邑》中，咏唱出："佳期怅何许，泪下如流霰"、"有情知望乡，谁能鬒不变！"居外任时，所写"巩洛常睠然，摇心如悬旌"（《后斋迥望》）、"已伤慕归客，复思离居者"（《落日怅望》）、"已惕慕归心，复伤千里目"（《冬日晚郡事隙》）之类的诗句，更是不胜枚举。即使在心情欣快时，他也会唱出："乐极思故乡。"（《赛敬亭[山]庙喜雨》）这些，都表现出作者对乡邑的渊然深情，能激发游子心弦的共鸣。[①]

谢朓的矛盾也正在于此：他既畏惧京都朝廷的险恶莫测，向往着"烟霞泉石"的无争无竞，而一旦身居外任——如下一章将要讨论的宣城太守，他又感伤离别，怀念家乡，异乡的山水、外任的自在，总使他想起家乡，念及亲友，于是在他的山水诗中，"望""归""乡"及相关的心情，成了频密的字眼、寄托的基调，这样的字眼含情而动人，这样的基调惆怅而缠绵。如在荆州随王文学任上，谢朓《临高台》诗云：

千里常思归，登台瞻绮翼。
才见孤鸟还，未辨连山极。

① 《谢宣城集校注·前言》，第8—9页。

四面动清风，朝夜起寒色。
谁知倦游者，嗟此故乡忆。

全诗八句，从“常思归”起，到“故乡忆”结，以景衬情，融情入景，如“登台”是为了远眺家乡，“孤鸟”已“还”是为了对比自己不得返乡，而一声“嗟此”，则尽显无奈酸楚之气。又赴任宣城太守途中，谢朓《之宣城郡出新林浦向板桥》首两联即云：

江路西南永，归流东北骛。
天际识归舟，云中辨江树。

宣城在建康的西南，建康在宣城的东北，赴任的江路逆流而上、向着西南，回家的归流顺流而下、向着东北，迅速奔逝的江水，即将抵达它的归宿，背井离乡的宦游，却才刚刚开始，那帆影点点的江面归舟，已经越来越远，云中雾里的江畔丛树，还在若隐若现，归舟所归处、江树所遮掩，就是家乡金陵！

这样的谢朓金陵诗中的都邑与山水、风景与感情，这样的谢朓金陵诗，无怪乎成为经典、千古传诵，而这样的谢朓，也无怪乎在灿若星河的金陵历史人物中，仿佛恒星一样，闪耀着特别璀璨的星光……

第五章　宣城太守与山水诗杰

说起谢朓的文学创作，学人首推“宣城时期是谢朓诗歌创作的高峰期，也是成熟期。故后人乃以谢宣城名之。日本学者谢朓研究，多集中在宣城时期”[①]；又谢朓的一生仕历，也以宣城太守最为后人追忆、建构与纪念，堪称他的仕途亮点。那么，“宣城时期”的谢朓及其文学创作情况、民间追忆与建构，究竟如何呢？

一、外放宣城

明帝萧鸾建武二年(495)暮春时节，谢朓由中书郎外放，出任宣城太守。

对于谢朓外放宣城，学界有两种说法。一是说被贬出京，因而对谢朓来说，打击不可谓不重，得知情况后，他大病了一场，有《酬德赋·序》为证：

> 右卫沈侯以冠世伟才，眷予以国士。以建武二年，予将南牧，见赠五言。予时病，既以不堪莅职，又不获复诗。

“南牧”即为外放宣城。二是说正常调动，甚至还有重用的意味。因为宣城临近京城建康，本是近畿要地。六朝时代出任宣城太守或内史者，多为皇族或高门甲族。孙吴时代，在220年丹阳郡迁治建业之前，担任太守者，有孙坚吴夫人的弟弟吴景，有皇族孙翊、孙瑜，有大将徐琨、吕范。东晋南朝时代，宣城太守、内史可考者有50多位，其中皇族成员即河内司马氏、彭

① 《汇考》第90页。如佐藤正光《宣城時代の謝朓》(1989)、森野繁夫《謝朓研究——宣城郡における謝朓》(1992)、石硕《謝詩における荊州と宣城:詩人“謝宣城”の誕生》(2011)等。

城刘氏、兰陵萧氏、吴兴陈氏就有15位，尤其是兰陵萧氏，竟然占了8位；东晋南朝排名第一、第二的两大家族，琅邪王氏出任宣城地方长官9位，陈郡谢氏2位。这样的数据，客观说明了宣城政治地位与文化地位的重要。其他出任宣城地方长官的东晋南朝著名家族，还有颍川庾氏、钟氏，谯国桓氏、夏侯氏，太原王氏，吴兴沈氏，荥阳毛氏，陈郡袁氏，琅邪诸葛氏，泰山羊氏等，他们大多是东晋南朝排名前30位的望族。①同时，早在刘宋顺帝昇明二年(478)，萧鸾曾为淮南、宣城二郡太守。萧齐延兴元年(494)，萧鸾立萧昭文为帝，进骠骑大将军号，同时封宣城郡公，后又进为宣城王，并由宣城王进而称帝，故宣城可以说是萧鸾的"龙兴之地"。把谢朓外放到宣城任太守，说明了齐明帝对谢朓的信任与重用。

如果说谢朓出任宣城是被贬，倒类似于当年他的族伯谢灵运被贬永嘉。谢灵运在刘宋时急于进取，想借同样爱好文学的庐陵王刘义真为进阶之身，二人气味相投，过从甚密，引起非议，结果被贬出守永嘉。与谢灵运不同的是，出仕以来大体久在京城的谢朓，因亲见皇室内部争夺、彼此屠戮的惨烈，他的好友王融因图拥立竟陵王萧子良"于狱赐死"，他曾经的幕主随王萧子隆也因萧鸾的忌惮被杀，内心受到强烈的震动，精神遭受深重的创痛，出守宣城，他为自己脱离险境而有一种轻松、解脱之感。宣城山川秀美，适合游历与寓居，切合六朝尤其是南朝贵族游山玩水的社会风气，于是，他一面发出"皇恩竟已矣"的感叹，一面也怀有"嚣尘自兹隔，赏心于此遇"的欣喜。在赴宣城任的途中，谢朓写了三首诗，表达了这种心情。

登程始，写了《京路夜发》："扰扰整夜装，肃肃戒徂两。晓星正寥落，晨光复泱漭。犹沾余露团，稍见朝霞上。故乡邈已夐，山川修且广。文奏方盈前，怀人去心赏。敕躬每跼蹐，瞻思惟震荡。行矣倦路长，无由税归鞅。"诗的前半部写了在忙乱中整理行装，预备车马。上路时晨星寥落，继尔稍见朝霞初露，回望故乡渐远，瞻视前路茫茫，心头不由地涌起无限的惆怅。后半部表示赴地方任职，从今往后要恭谨勤勉，不负朝廷所望。离开了京城，离开了腥风血雨，对自己有一种解脱感；然而，前路渺茫，何时才是归程呢？

① 参考胡阿祥：《中古时期郡望郡姓地理分布考论》。

从京城到宣城，出新林浦是第一站，谢朓由途中观景而引申内心的诸多感慨，写下名篇《之宣城郡出新林浦向板桥》："江路西南永，归流东北骛。天际识归舟，云中辨江树。旅思倦摇摇，孤游昔已屡。既欢怀禄情，复协沧州趣。嚣尘自兹隔，赏心于此遇。虽无玄豹姿，终隐南山雾。"这首诗借逆江而上所看到的天际归舟、云中江树情景，对山水之乡宣城充满了憧憬。陌生的宣城是他向往之地，这里是士人们隐逸的最好所在。谢朓被外放到宣城，除了远离故土、远离政治中心所产生的失落感以外，更多的是一种心情放逐的愉悦。此去宣城，既能享受朝廷俸禄，这种俸禄除了不低于同级的中央官员，还享受"送故迎新""杂供给"等制度允许的额外收入，实际收入远超同一级别的中央官员。[①]同时，又能享受游赏佳山秀水的逸趣，从此可以远离嚣尘，远离纷争，过上既隐又官的生活。自己虽无玄豹斑斓的毛皮，终得安栖于大雾弥漫的南山深处，而不虞猎人的伤害了。他还用《列女传》陶答子妻的典故，暗示自己不做"君不敬、民不戴"的贪官污吏，以廉洁自励。

尽管如此，离开京城，离开情投意合的诗友，对京城的眷念还是难以释怀，这种情绪在《晚登三山还望京邑》诗中有明显的体现："灞涘望长安，河阳视京县。白日丽飞甍，参差皆可见。余霞散成绮，澄江静如练。喧鸟覆春州，杂英满芳甸。去矣方滞淫，怀哉罢欢宴。佳期怅何许，泪下如流霰。有情知望乡，谁能鬒不变？"通过江澄如练、余霞散绮的江南晚春景致的描绘，道出自己旅途的孤寂。

宣城郡古称爰陵，地居建康西南，长江以南，黄山之北，皖南山区余脉与长江中下游冲积平原结合地带。这里有河网稠密的圩区，有起伏绵延的丘陵，还有竹木繁茂的丛山；这里气候温暖，雨量充沛，日照充足，四季分明。正因为此，吸引了人们在这方土地上生存生息、繁衍发展。早在战国时期，鄂君启携带楚怀王赐给的免税通关金节，率150艘商船"逾江，庚彭蠡，庚松阳，入浍江，庚爰陵"。楚国拥有的150艘船只的贸易船队终点在爰陵邑，可见当时的爰陵已是一个不小的经济贸易型城市。

① 黄惠贤、陈锋：《中国俸禄制度史》，武汉大学出版社，1996年版，第74页。

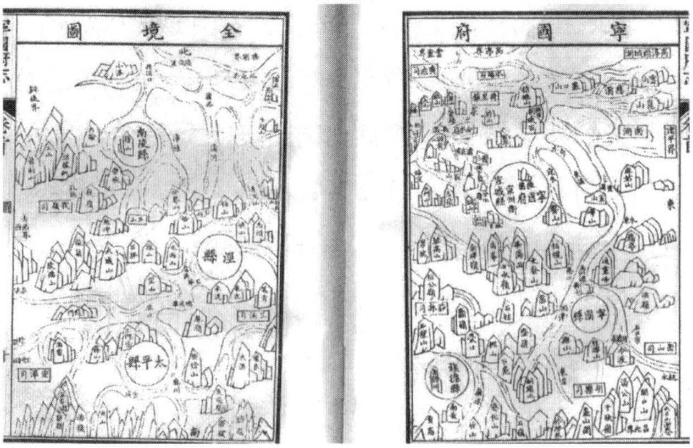

图17 嘉庆《宁国府志》之"宁国府全境图"

宣城郡置于西晋太康二年(281),之前为西汉元狩二年(前121)所置的丹阳郡,治所皆为宛陵,其"据金陵上游,山环而风萃,水曲而气结。是以士多四方之志,而民鲜百里之游。拥沃饶以为利,侈露积以为富,挟膏腴以傲刀锥,即良贾资斧弗让,盖东南一乐土也"[①]。相对于其他地方,宣城郡开化得比较早,这主要归功于李忠任宣城太守时重教化。东汉光武帝建武六年(30),东莱郡黄县(今山东龙口市东)人李忠任丹阳太守。其时,丹阳郡经济、文化落后于中原,礼仪、风俗也欠文明。"忠以丹阳越俗不好学,嫁娶礼义衰于中国,乃为起学校,习礼容,春秋乡饮,选用明经,郡中向慕之。"[②]李忠到任后,在大力整治社会秩序、安定百姓生活的同时,积极兴办学校,推广教化。他选用明经之士充任职官和学官,执管教民化俗之事,由此,丹阳郡逐渐百姓生活安定,经济发展,人口增加,民风民俗有了很大的改善。李忠因为政绩显著而获得理政"天下第一"的赞誉。进入六朝,因政局不稳,改朝换代是家常便饭,皇族之间相互倾轧,宣城成了不少皇亲国戚、贵族名士、文臣武将求避祸主动要求外放的首选之地。这些,熟悉历史的谢朓早有所闻,况且,他家与宣城郡还有着较深的渊源:他的曾祖谢允曾任宣城内史,他的祖母范氏的弟弟范晔曾为宣城太守,并在宣城任上著《后汉书》。不幸的是,范晔与谢朓的两位伯父皆以谋反罪被诛。

---

① [明]朱大器:《保丰台记》,[清]洪亮吉、凌廷堪总纂:嘉庆《宁国府志》卷二十二《艺文志》,黄山书社,2007年版,第1504—1505页。

② 嘉庆《宁国府志》卷五《职官表》,第539页。

二、宣城理政

建武二年(495),谢朓就任宣城太守,时年32岁。脱离险恶丛生的朝廷,他有一种轻松、解脱之情,把宣城当作隐居之所,过起亦官亦隐的生活。来到宣城不久,时逢盛夏,久未降雨,禾苗枯黄,农人心焦。按宣城的习俗,人们都往敬亭山敏应庙求雨。

敏应庙又称昭亭庙、昭亭神祠,在敬亭山东麓。旧时每年八月朔日祀广惠王之神,神名梓华。敏应庙创始于南朝宋元嘉初。相传有位魏姓长史用船运豆到宣城,忽然看见有棵巨大的梓树随船并行。夜里,他梦见有神告诉他说:“我是钱塘的梓府君,想要在敬亭山建祠立身。”不久船行驶到敬亭山下,魏长史看到这里依山傍水,环境清幽,又便于人们瞻拜,是建祠的好地方。可是建祠需要大量木材,自己出行在外,所带银两有限。正在踌躇间,晚上又梦见神告诉他说:“宣城现在正流行眼病,你船上装载的豆恰好可以治疗。”魏长史一试,果然灵验无比,于是卖豆为民治病,获利颇多。因而买地购材,在敬亭山下建成了敏应庙。又据《齐谐记》记载:梓华神君本钱塘神,因庙为钱塘县令盛凝之纵火焚烧,故在元嘉二年(425)转托宣城敬亭山。敏应庙自建成后灵验非常,百姓所求皆能满足。

这一天,宣城的百姓纷纷相约,赶往敏应庙祈雨。谢朓得知,也率领郡衙一应人等,登敬亭山和当地百姓一道祈雨。

敏应庙前人头攒动,香烟缭绕。谢朓站在高处,远远环视庙的周边环境及庙的建筑,这座神庙,气势倒也壮观。正如他在《祀敬亭山庙》诗中所记述的那样:“翦削兼太华,峥嵘跨玄圃。贝阙眂阿宫,薜帷阴网户。参差时未来,徘徊望澧浦。椒醑若馨香,无绝传终古。”

谢朓生来第一次与治下的黎民百姓面对面接触,第一次切身感受到百姓的疾苦:天旱无雨将导致庄稼一年无收,家家老小生活将无依赖。待敬香膜拜的人群稍有减少,谢朓与郡衙们近前,按当地的习俗,跪拜在梓华神君像前上香叩首,心中默默祈祷上苍早降甘霖。事后,他追忆此情此景,赋《赛敬亭山庙喜雨》一首:“夕帐怀椒糈,蠲景洁膋芗。登秋虽未献,望岁伫年祥。潭渊深可厉,狭斜车未方。朦胧度绝限,山没见林堂。秉玉朝群帝,樽桂迎东皇。排云接虬盖,蔽日下霓裳。会舞纷瑶席,安歌绕凤梁。百味芬绮帐,四座沾羽觞。福被延氓泽,乐极思故乡。登山骋归望,原雨晦茫茫。胡宁昧千里,解珮拂山庄。”诗中充满敬神保民平安、祈求神灵降福的情怀。

在此后另一首敬应庙祈雨的《祀敬亭山春雨》(联句)中,谢朓和同僚诗友们还绘声绘色地描述了祭祀仪典和民众欢乐的场面:

水府众灵出,石室宝图开。白云帝乡下,行雨巫山来。(府君[1])
歌风赞灵德,舞蹈起轻埃。高轩乍留吹,玄羽或徘徊。(何从事)
福降群仙下,识逸百神该。青鸟飞层隙,赤鲤泳澜隈。(齐举郎)

诗句体现了太守谢朓与同僚对农事民瘼的关注,与百姓生活更为贴近。

谢朓主政宣城期间的事迹,史籍鲜有记载,旧府志中只有这样一段话:

谢朓,字玄晖,阳夏人。少好学,诗文清丽。齐明帝时,以中书郎,出为宣城太守。每视事高斋,吟啸自若,而郡亦治。尝言:“烟霞泉石惟隐遁者得之,宦游而癖此者鲜矣!”及领宣城,境中多佳山水,双旌五马游历殆遍。诗曰:“高阁常昼掩,荒阶少诤词。”又曰:“幸遇昌化穆,惇俗罕惊暴。”又曰:“察壤见泉脉,觇星视农正。”又曰:“烹鲜止贪竞,共治厉廉耻。”又曰:“簪缨逢嘉惠,教义承君子。”其勤民教士大略可见,至今称谢宣城。祠祀。[2]

这段简短的记载,可以让我们获得两个方面的信息:一是他主政宣城,宣城政通人和,实现“郡治”;二是他勤民教士,深得百姓拥戴,得到“谢宣城”的雅称。这表明了谢朓并非无所作为的庸人,我们可以从他自己的诗句中体会到他在宣城的所作所为。

第一次单独担任一个地方的主官,尤其是京畿之地宣城这样的地方长官,谢朓怀有一定的理想和抱负。宣城之任,一方面使他对政治感到失望,同时,他也将其视为人生一个新的起点,心怀造福百姓之心,期待能有一番

① 此“府君”即谢朓。
② 嘉庆《宁国府志》卷五《职官表》,第542页。

作为。在《始之宣城郡》诗中，谢朓设想“烹鲜止贪竞，共治属廉耻”，希望出现“广平咏”“华阴市”那样的政绩。[①]他为自己酝酿了一套施政纲领：首先，表明自己对百姓的关心和爱护，倡导儒家“仁政”思想，弘扬儒家修身之本。既“恤贫病”，爱护百姓，又“无侵冒”，严格自律，牢记儒家修身才能治国、“其身正，不令而行，其身不正，虽令不从”(《论语·子路》)的训诫。他还提出“共治”思想，表明自己不独断专行，不为虐政，并以西汉左冯翊谷口人郑子真为楷模，廉洁奉公，“非其服弗服，非其食弗食”[②]。其次，竭力弘扬礼教兴邦的政治主张，认为“嘉惠”“教义”是君主施政的根本，也是自己行动的高标。在《赋贫民田》诗中，他倡导“将无富教理，孰有知方性”，希望通过对礼教的传播，达到德礼治邦的目的。再次，他提出了具体的富民之道：“敦本抑工商，均业省兼并”，即沿袭以农为本的传统儒家思想，宣扬“重农抑商”。在太守任上，谢朓曾将田地分给贫民，希望贫苦农民仓廪丰实，能过上富裕的生活。这种对民众关心并付诸实际行动的政治措施，表现出他的思想境界已达到一个新的高度，积极作用无疑是较大的。

似乎是谢朓的虔诚之心感动了上苍，敬亭山神庙求雨不久，上天果降甘霖，旱情缓解了，百姓额手相庆。也因为这位新来的太守与民众共同求雨，关心民瘼，百姓们自然对他多了几许敬意。

谢朓到任时的宣城，“国小暇日多，民淳纷务屏”，应该说是社会安定，百姓安居乐业，大环境是不错的。同时，他奉行政简刑轻，不取烦苛扰民之术，因此，他主政宣城也没有什么公务上的繁忙和治乱安民的压力。在宣城任上，谢朓做了几件事，谈不上什么惊天动地，史籍和百姓的口碑上却留有痕迹。

一件是为自己建造了集理事、居住于一室的高斋。

高斋建造在城内陵阳三峰的最高峰一峰之巅，郡衙之后。陵阳山系

---

① 据《晋书》卷四十四《郑袤传》，第1250页，曹魏时，郑袤补广平太守缺，“以德化为先，善作条教，郡中爱之。征拜侍中，百姓恋慕，涕泣路隅”。又《后汉书》卷三十六《张楷传》，第1242—1243页：“楷字公超……司隶举茂才，除长陵令，不至官。隐居弘农山中，学者随之，所居成市，后华阴山南遂有公超市。五府连辟，举贤良方正，不就。”

② 《汉书》卷七十二《王贡两龚鲍传》(中华书局，1962年版)：郑子真“修身自保，非其服弗服，非其食弗食。成帝时，元舅大将军王凤以礼聘子真，子真遂不诎而终。”[东汉]班固：《汉书》，中华书局，1962年版，第3056页。

黄山余脉，面积约10平方公里，平均海拔40米，东晋时依山筑城，辟为集市。陵阳三峰中一峰为府治所在地，晋内史桓彝营建，南唐节度使林仁肇改拓。县志云："陵阳山峰冈峦盘曲，为郡之镇，自敬亭而南，隐起为三峰，环绕县治，其南为鳌峰，又东南为阳坡。独孤霖谓郡地四出皆卑，即阜为垣，郡治盖据此山之冈麓也。"因此，宣州古城又雅号陵阳。陆龟蒙的"陵阳佳地昔年游，谢朓青山李白楼"(《忆宛陵旧游》)，罗隐的"双鱼迢递到江滨，伤感陵阳旧主人"(《得宣州窦尚书书因投寄》)中的陵阳，都是指宣城。

高斋的选址，谢朓很费了一番心思。来到宣城后，政务之暇，他首先巡视了城池，登高远眺，这座城池除环城皆山，城内也是高阜起伏延绵，最突出的是陵阳三峰。三峰他都去过了，其中最感兴趣的是一峰。他登临一峰远眺，四周景致尽收眼底：东北，有麻姑山、南漪湖；东南，有柏枧山；西南，有行廊山；正北，有敬亭山。近望，晨有万家炊烟，夕有万家灯火。诚如清知府许廷试所言：登其地，"则敬亭、麻姑诸巘列若翠屏，宛、句双溪潆纡澄澈。俯视亭台城郭，烟树云休，缭白缥青，豆人寸马，无不游吾目而骋吾怀"[①]。对于酷爱山水的谢朓来说，居高建一宅所，每日能将佳山秀水收入眼底，是最惬意不过的事了。于是，谢朓命人备料，在一峰巅一块平地上建起类似书斋的屋子，自命名为"高斋"，府志记载，谢朓"每视事高斋，吟啸自若，而郡亦治"[②]。从这段文字可以看出，高斋不仅是他居住写作之处，还兼有办公职能。他在宣城所作的很多诗文，如《高斋视事》《后斋迴望》《郡内高斋闲望答吕法曹》等，都在这里完成。

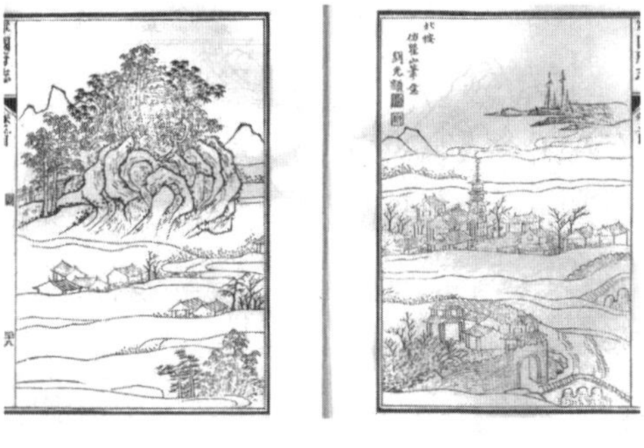

图18　嘉庆《宁国府志》所绘高斋遗址上所建的北楼

① 嘉庆《宁国府志》卷二十三《艺文志》，第1576页。

② 嘉庆《宁国府志》卷五《职官表》，第542页。

出身华丽家族的谢朓是诗人，骨子里浸润着浪漫的基因，所以，他虽为太守，为官的做派又与常人不同，审理案件，处理公务，“吟啸自若”，带有一种轻松戏弄的味道，让百姓有一种新鲜感。如据百姓的口碑，谢朓所做的第二件事，即在城楼审理案情，就让百姓津津乐道。

这事说的是谢朓因喜爱宣城的青山秀水，时常清晨无事，高坐南门城楼观景。一天清晨，他正在城楼上领略风光，只见城门外大道上，一位年逾花甲的老农，挑一担青菜匆匆向城里走来。不料他身后跟着一头毛驴，边走边吃老农担子里的青菜。开始老农未发觉，待他换肩时，才发现后挑的青菜被驴吃了不少，而那骑驴的主人——一位白面后生却若无其事，任其吃菜不管。老农忍住心头的不快，放下菜担，想让骑驴的先走。哪知，那驴吃得性起，嘴往菜担里乱拱，竟连菜担也拱翻了，就这样，那后生还是不管不问。这下老农忍不住开了腔：“先生，你这么做也太不厚道了吧，这不是拿我们穷人开心吗？”后生在驴背上傲慢地说：“驴是畜牲，它要吃，关我什么事？让开，别耽误我进城办事！”说罢，手在驴屁股上一拍，那驴猛地向前一蹿，把老农撞了个仰面朝天。这一下，激怒了围观的群众，人们拦住骑驴的后生理论起来，要老人去衙门告他。后生满不在乎地说：“你去告呀，写个状纸去告，我等着！”这倒是让不识字的老农难住了，他哪里会写什么状纸呢？

正在这时，城楼上有人高喊：“谢太守在此，不用状纸，有什么事直接上来陈诉。”人们循声望去，只见谢太守端坐在城楼上。骑驴的后生一见，慌了，扑通一声跪下，连连叩头，来个恶人先告状：“秉大人，这刁民想讹我。”“住嘴！刚才的情景我看得一清二楚！”后生知道赖不过去，便指着驴说：“大人，全怪这畜牲嘴馋。”“是嘛，那把驴拉到街上卖了，得的钱赔给这老汉。”一听说要卖掉他的驴，后生更慌了，申辩道：“驴是畜牲，不懂事呀，再说，卖了驴，小人怎么走呢？”谢朓火了，大声喝道：“大胆！驴吃菜，你不管，还将老人撞倒，它是畜牲，你是人啊，你肆意欺侮乡民，真是无法无天！”说罢，吩咐左右衙役：“责打十板，再示众！”众衙役应声上前，按倒后生，着实打了他十大板，然后拉起一瘸一拐的后生，游街示众，围观的百姓无不拍手称快。后来，谢朓这个“看门太守”的故事不胫而走，一直传为美谈。[①]

谢朓在宣城做的第三件事，是将田地分给贫民，这从他的《赋贫民田》一诗可以窥测：

假遇非将迎，靖共延殊庆。
中岁历三台，旬月典邦政。
会是共治情，敢忘恤贫病。
将无富教礼，孰有知方性。
敦本抑工商，均业省兼并。
察壤见泉脉，觇星视农正。
黍稷缘高殖，穲稌即卑盛。
旧埒新塍分，青苗白水映。
遥树匝清阴，连山周远净。
即此风云佳，孤觞聊可命。
既微三载道，庶藉两岐咏。
俾尔仓廪实，余从谷口郑。

诗中他表示了对贫民的关心，表明了重农抑商的观念，将富商兼并贫民的田地，重新分给贫民，还描绘出"青苗白水映""仓廪实"的美好图景。[②]

建武三年(496)秋，谢朓得知自己将要奉诏赴南岳(今湖南衡山)典祀离开宣城，行前，他来到百姓中间，看望他们，与他们告别，并写下《忝役湘州与宣城吏民别》一诗：

弱龄倦簪履，薄晚忝华奥。
闲沃尽地区，山泉谐所好。
幸遇昌化穆，惇俗罕惊暴。
四时从偃息，三省无侵冒。
下车遽暄席，纡绂始黔灶。
荣辱未遑敷，德礼何由导？

---

① 宣州市地方志编纂委员会编：《宣州概览》"五　风情掌故"，黄山书社，1989年版，第112页。

② 《吕氏春秋·分职》："出高库之兵以赋民"，东汉高诱注："赋，予也。"《赋贫民田》即均民之田业。

汩徂奉南岳，兼秩典邦号。

疲马方云驱，铅刀安可操。

遗惠良寂寞，恩灵亦匪报。

桂水日悠悠，结言幸相劳。

吐纳贻尔和，穷通勖所蹈。

诗中盛赞宣城地大而肥沃，山好而泉美，风化昌明，民俗淳厚，感慨自己才力微薄，守郡两年，为百姓做的事太少，现在将要离开宣城，心中自有眷恋不舍之情，并表达了对吏民的关切。[①]

谢朓亲民爱民的行为，对后世产生了不小的影响，历朝历代来宣城为官者，纷纷以他为楷模，效而仿之。如南宋咸淳年间，吉州庐陵（今江西吉安市）人文天祥短期出任宁国府（即宣城）知府。此时的宣城商业萧条，农田荒芜，民生凋蔽，而朝廷仍按旧制加紧征收商税，民怨沸腾。文天祥目睹"税务无所举办"的实际情景，遂向朝廷请求罢去这项课额，解除了百姓的沉重负担，大得民心，于是"百姓欢舞"。在他调离之前，还特意走到乡间，看望农夫，并写下了《劝农歌》。在《劝农歌》引言中，文天祥说："今太守与尔父老方此相处，遽然去之，其拳拳又可知？"文天祥希望百姓们"能从吾戒而不为恶，即能从吾劝而为善"，其言其情，"惓笃若慈母之爱赤子"[②]。又如晚唐雍陶为简州（今四川简阳市）刺史时，"自比谢宣城"，即以谢朓守宣城为榜样；唐末五代王延彬任泉州刺史，写出"也解为诗也为政，侬家何似谢宣城"之类的诗句，深表钦仰之忱。[③]

正因为谢朓不失为一位纯正的良吏，所以他离任时，宣城百姓挥泪相送，而历代的宣城地方志书也把谢朓列为"良吏"或推为"名宦"。

---

① 陈冠球指出：这篇告别吏民之作，写得纡徐委备，可与《始之宣城郡》那篇宣示政要之作对照，以证谢朓言行是否一致。又"谢朓出守，心中自有一段委屈，因而常思退隐，但与吏民相处却并不恶，而且去思较好，称贤立祠"，云云。陈冠球编注：《谢宣城全集》，大连出版社，1998年版，第218页。

② 嘉庆《宁国府志》卷五《职官表》，第550页，卷二十四《艺文志》，第1675页。

③ 《谢宣城集校注·前言》，第8页。

三、承继谢氏文风

我国的诗歌创作，山水的进入虽然历史悠久，“《诗》《骚》已开其端，但那只是作为比兴或出于助成抒情的需要。东汉以下，由于隐士、逸民的悦山乐水，山水见于文人创作的渐多”①。但真正意义上的山水诗产生于东晋南朝时期。尽管东晋时盛行的玄言诗包含着山水的成分，那只是诗人们借助对山水景物的描述，去表现一种疏淡旷远的境界，表现对玄言哲理的感受而已。那时诗人笔下的范山摹水，只是作为抒情言志、述事说理的陪衬。而在将山水诗变为独立体系的过程中，陈郡谢氏家族的谢混、谢灵运、谢朓三位，又可谓里程碑式的人物。

谢混（？—412），字叔源，小字益寿，谢琰幼子，谢安之孙，父、祖都是淝水殊功的建立者。谢混仪容秀美，风神不凡，时有“谢混风华，江左第一”之称。关于这一点，有“禁脔”的故事足以佐证。东晋孝武帝晚年想给自己的女儿晋陵公主找位好丈夫，请王导的孙子王珣做媒。王珣因谢混风流貌美而推荐了他，孝武帝亦有所闻，十分满意。但是，孝武帝不久驾崩，婚事便耽误下来。此间有位达官兼名士袁山松也看中谢混，想让他作乘龙快婿，并且也请王珣做媒。王珣笑着警告他：“不可在‘禁脔’上打主意呀！”他戏称谢混为“禁脔”，是指他乃皇家的女婿、公主的未婚夫。

谢混身上有谢安风流的基因：聪慧，善清谈，好山水，会写诗作文。在他之前，世面上盛行的便是玄言诗。所谓玄言诗，顾名思义，就是以诗的形式表达抽象微妙的老庄玄理。以其代表人物孙绰的《赠温峤》为例：

大朴无像，钻之者鲜。
玄风虽存，微言靡演。
邈矣哲人，测深钩缅。
谁谓道辽？得之无远。

① 《谢宣城集校注·前言》，第4页。

这哪里是什么诗歌！分明就是抽象的哲理论述，读起来让人味同嚼蜡。谢混大胆革新，一改玄言诗陈腐陋习，以山水变革玄言诗，如他留存的《游西池诗》：

悟彼蟋蟀唱，信此劳者歌。
有来岂不疾，良游常蹉跎。
逍遥越城肆，愿言屡经过。
回阡被陵阙，高台眺飞霞。
惠风荡繁囿，白云屯曾阿。
景昃鸣禽集，水木湛清华。
褰裳顺兰沚，徙倚引芳柯。
美人愆岁月，迟暮独如何？
无为牵所思，南荣戒其多。

全篇抒写了游西池所见的景物，有茂密的林囿，勃发生机的鸣禽，清新的水木，尽管诗中仍有体玄悟道的色彩，但整首诗给人的印象是辞藻优美，色彩明丽。王夫之《古诗评选》高度评价了这首诗，认为“太元以下，浮腐之习初洗，此得不为元功乎”[①]，以为谢混是从玄言诗到山水诗的开创者。《宋书·谢灵运传》“史臣曰”：“叔源大变太元之气”，也将真正意义上的山水诗的肇始，定位于谢混。

继谢混之后，谢灵运将山水诗推向高峰，为世人公认的中国山水诗鼻祖。

谢灵运（385—433），谢玄之孙，谢瑍之子。“幼便颖悟”，“少好学，博览群书，文章之美，江左莫逮”，“文藻艳逸”。其多才多艺，涉猎兵书医学，笃好佛理，擅长书法绘画。也正因为才华耀世，其性格恃才傲物，狂放偏激。《南史·谢灵运传》“论曰”：“灵运才名，江左独振；而猖獗不已，自致覆亡。”

谢灵运集山水诗之大成，其留存的百余首诗中，称得上真正意义上的山水诗就有60多首。这些诗中不乏精美之句，如：

---

① [明]王夫之：《古诗评选》，上海古籍出版社，2011年版，第187页。

池塘生春草，园柳变鸣禽。（《登池上楼》）

云日相辉映，空水共澄鲜。（《登江中孤屿》）

春晚绿野秀，岩高白云屯。（《入彭蠡湖口》）

《诗品》授予谢灵运以“元嘉之雄”的桂冠，元嘉是刘宋文学最繁荣的时代，人才如林，而谢灵运却独占鳌头。清代阙名《静居绪言》一书在评价谢灵运发展山水诗的贡献时说：“有灵运然后有山水，山水之运不穷，灵运之诗弥旨。山水之奇，不能自发，而灵运发之。”[①]但是，纵观谢灵运的诗，几乎每首都带有玄言的尾巴，这当然与当时的社会崇尚清谈玄理密切相关，谢灵运也概莫能外。有人将他的山水诗结构概括为三段模式，即述行—写景—悟理。述行一层通常写他为何与如何来到某山清水秀之地，写景一层才正面刻画山水，悟理一层则是由观照山水所体认领悟出的人生哲理——几乎全是隐遁忘世的老庄玄理。[②]也因为此，谢灵运的山水诗尚未达到情和景水乳交融的境地。当然尽管如此，也掩盖不掉谢灵运让“庄老告退而山水方滋”的贡献，以他的山水诗最终打败玄言诗的殊荣。

谢灵运的山水诗影响了整个南朝，其中最有成就、最为杰出者，历来共推谢灵运的族侄谢朓，特别是谢朓在宣城以及往返宣城期间创作的山水诗。

建武二年（495）谢朓出守宣城，“宣城又正是风景奥区，山水名都更多物态风姿可以供他搜罗笔底”[③]。离开了权利争斗的喧嚣京城，离开了一班诗友，谢朓的心情虽然落寞，但是他把宣城视为没有“嚣尘”的清静隐居之地。政务之暇，他全身心地投入到宣城的佳山秀水之中，浸淫于山水之乐。秀绝天下的宣城山川风物，迎合了他钟情山水的夙愿，启迪了他发掘灵秀内蕴的心智，他的山水诗显得更为清逸自然，飘洒俊秀。守宣时间虽然只有短短的两年，这两年却是他诗歌创作的飞跃期，山水诗的写作也特别多，而且名篇络绎，佳句迭出，“终以此奠定了他在我国诗歌史上的特有地位”[④]，使他成为继谢灵运之后的山水诗杰。也正因为谢朓的山水诗成

---

① 赵永纪编：《古代诗话精要》，天津古籍出版社，1989年版，第303页。

② 萧华荣：《华丽家族——两晋南朝陈郡谢氏传奇》，第237页。

③ 《谢宣城集校注·前言》，第5页。

④ 《谢宣城集校注·前言》，第5页。

熟在宣城，巅峰在宣城，显扬于世在宣城，所以后世干脆以宣城冠其名，径称谢朓为“谢宣城”。

四、“幸莅山水都”

南朝时的宣城亦是“江南佳丽地”，地处长江中下游冲积平原地带，境内多山多水，丘陵起伏，湖沟交错。山系黄山余脉，水连长江，自然生态绝佳。诗人谢朓出建康，一入宣城境，便为宣城的佳山秀水欣喜不已，《宣城郡内登望》所咏他见到的景物是：

寒城一以眺，平楚正苍然。
山积陵阳阻，溪流春谷泉。
威纡距遥甸，巉岩带远天。
切切阴风暮，桑柘起寒烟。

宣城的山水让他忘却了昔日的烦恼，霎时投入到山水的怀抱中。《谢宣城别传》云：“朓常有言：‘烟霞泉石，惟隐遁者得之，宦游而癖此者，鲜矣。’”①也正因为他对山水的痴迷，在宣城的两年，他几乎走遍了宣城的山山水水，可以说宣城是谢朓山水诗篇灵感的重要源泉。

来到宣城不久，谢朓便自宛溪乘一叶扁舟，越过石子涧，至庙埠弃舟攀山越涧，登临城北的敬亭山。

敬亭山，初名昭亭山，西晋太康元年(280)，晋武帝平定东吴，因避其父、追尊为太祖文皇帝的司马昭之讳，将昭亭山改名敬亭山。旧志记载：此山“由文脊(山)华阳(山)北来百余里，横亘于此若屏障然。高数百丈，周广百倍之。东临宛(水)句(水)，南俯城闉，万壑千岩，近郊胜境”②。敬亭山有三大主峰，自西向东依次为一峰、翠云峰和净峰。其余大小山峰60余座。

---

① [北周]庾信撰，[清]倪璠注：《庾子山集注》，中华书局，1980年版，第307页。
② [明]陈俊修，梅鼎祚等纂：万历《宁国府志》卷六。

图19 敬亭山古昭亭坊

谢朓登临时的敬亭山，尚处没有开发的原始状态，只有樵夫砍伐出来的几条小路，这从他的《游敬亭山》诗中可以看出：

兹山亘百里，合沓与云齐。
隐沦既已托，灵异居然栖。
上干蔽白日，下属带回溪。
交藤荒且蔓，樛枝耸复低。
独鹤方朝唳，饥鼯此夜啼。
泄云已漫漫，夕雨亦凄凄。
我行虽纡组，兼得寻幽蹊。
缘源殊未极，归径窅如迷。
要欲追奇趣，即此陵丹梯。
皇恩竟已矣，兹理庶无睽。

诗的前十二句描绘了敬亭山之雄姿和诡密，纵观，连绵百里，峰与云齐，仰视，山高林密，树丛遮天蔽日，俯视，“樛枝耸复低”，“下属带回溪”，后几句又写了鹤唳鼯啼、泄云漫漫、夕雨凄凄的实景。敬亭山水在谢朓的笔下，俨然一幅活的画图，给人以清新清丽之感，全诗读起来，让我们仿佛在观看一幅3D全景画。这种对山水细腻传神的描绘，在谢朓之前的诗作者中，尚属“前无古人”。从这个意义上说，谢朓的山水诗秉承了族伯谢灵运的山水诗风，但已超越了谢灵运。这是一首被后人视为技法成熟，甚至已经程式化了的山水诗，所谓“唐人律诗作法，俱是此种”[①]是也；这也是历史上第一首写敬亭山的诗，而且正是因为这首诗，使这座名不见经传的山名扬天下，如唐人刘禹锡《九华山歌》即称道：“君不见敬亭之山黄索漠，兀如断岸无棱角。宣城谢守一首诗，遂使声名齐五岳。”

图20　敬亭山东大门广场

然则由谢朓的《游敬亭山》诗说开去，谢朓在任宣城太守时或往返宣城途中所作的所谓“宣城诗”，约有50首，其中涉及山水者大致可分为以下几类：

其一，行旅游览类。

有《晚登三山还望京邑》、《京路夜发》、《之宣城郡出新林浦向板桥》、《游敬亭山》、《游山》、《往敬亭路中》(联句)、《还涂临渚》(联句)、《将游湘水寻句溪》等。

行旅和游览时作者亲身投入山水之中，感悟应该最为真切。谢朓和前辈诗人不同之处在于，他用充满情感色彩的笔，直接地去描画眼所见、耳所听的自然景物。“情必极貌以写物，辞必穷力而追新”(《文心雕龙·明诗》)，既没有生拗的非自然审美的词句，也不见玄言的影子。

如《游山》这首诗写的是游览宣城响山。

响山位于城东南二里，因形似葫芦，俗称葫芦山。旧时这里古木参天，东南端俯临山下的宛溪和青溪，二水交汇处即为著名的“响潭”。因响潭纵贯响山下，故舟行其上，楫水之声，回应作响，响山因此得名，为宣城南郊胜境。

① 清人何焯评语，《谢宣城集校注》，第242页。

《宣城县志》记载，响山距城二里，又名小赤壁，危矶突兀，下临响潭。危矶系红壤，故称赤壁，为与鳌峰赤壁相区别，响山赤壁亦称小赤壁。山有钓台，相传为严子陵钓鱼处，下临响潭，渊深数十丈。严子陵，名严光，会稽余姚人。少时与东汉光武帝刘秀同学，情谊深厚。刘秀称帝后，严光变其姓名，隐身不见。光武帝常思其贤，画其像四方寻访，而严光却身披羊裘游钓于各地。北宋梅尧臣有《咏严子陵》诗曰："不顾万乘主，不屈千户侯。手澄百金鱼，身被一羊裘。"

游览响山，步行、乘船都很方便，古代来此游者甚多。因离城不远，景致亦佳，故谢朓多次登临，其《游山》诗有句云：

幸莅山水都，复值清冬缅。
凌崖必千仞，寻溪将万转。
坚崿既崚嶒，回流复宛澶。
杳杳云窦深，渊渊石溜浅。
傍眺郁篥簩，还望森柟楩。
荒隩被葴莎，崩壁带苔藓。
鼯狖叫层嵁，鸥凫戏沙衍。

谢朓诗中之"山水都"，谓宣城为佳山胜水聚集之地，而幸莅宣城"山水都"的谢朓之山水诗，也正在"得江山之助"。即如这首《游山》诗，对响山两崖耸峙、苍翠对起的山峰，清泚可鉴、萦回澄淡的响潭，都描绘得极为细微、非常传神。尽管这里有神道的传说，但谢朓并没有涉及，而是着力写景、抒情，这是他有别于前人的独到之处。

图21　响山与宛溪

又《将游湘水寻句溪》是谢朓将赴南岳祭祀之前，寻游句溪所作，从“兴以暮秋月，清霜落素枝”句，可知写于秋天。句溪，位于城东三里，源出宁国，其流自东门外三里桥起，至北门外石子涧止，与宛溪汇合，其水流澄澈，形如草书“句”字，故称句溪。李白名句“两水夹明镜”，“两水”指宛溪、句溪，“明镜”指宛、句之间的明镜湖。西晋所建永安寺塔高耸城区，塔影投入句溪，形成了“宣城八景”之一的“句溪塔影”美景。

此诗与游山诗不同，着重是写水，写句溪之水：

辰哉且未会，乘景弄清漪。
瑟汩泻长淀，潺湲赴两岐。
轻萍上靡靡，杂石下离离。
寒草分花映，戏鲔乘空移。
兴以暮秋月，清霜落素枝。

水在他的笔下被描绘得清新、清澈、清丽，这与他的诗风对“清”的追求相一致。他将清与水并用，又不单是描绘水的物状，而且寄托了自己对高洁情操的追求。

从谢朓行旅游览类诗对山水的直接描绘，我们还能明确感受到其诗风对建安诗风的引申和升华。建安时期的文士师承汉乐府诗“感于哀乐，缘事而发”的传统，取材范围的扩大，题材的日常化，使汉乐府诗完全成熟，五言诗体得以发展，艺术上更臻于精美。尽管如此，其时的诗人们重于对社会现实与人生抱负的感慨，因而对自然关注较少。而谢朓的诗却不然，更多地对自然倾注了关注。所以，唐代大诗人李白在登谢朓楼留下的名篇《宣州谢朓楼饯别校书叔云》中盛赞：“蓬莱文章建安骨，中间小谢又清发”，又在《送储邕之武昌》诗中说：“诺为楚人重，诗传谢朓清”，进一步肯定了谢朓的诗是对建安诗风的跨越。

其二，闲居观景类。

有《出下馆》、《治宅》、《新治北窗和何从事》、《宣城郡内登望》、《冬日晚郡事隙》、《高斋视事》、《郡内高斋闲望答吕法曹》、《春思》、《闲坐》(联句)、《侍筵西堂落日望乡》(联句)、《后斋迥望》、《落日怅望》、《在郡卧病呈沈尚书》、《赋贫民田》、《忝役湘州与宣城吏民别》等。

这类诗大多写于高斋这个特殊环境中。高斋居陵阳顶峰,可以俯瞰全城,可以远眺四周旷野。除了观山观水,也能观赏近郊的田园。而谢朓在这类诗中,虽然着眼于田园,却也引出山水之景[①]:

飒飒满池荷,翛翛荫窗竹。
檐隙自周流,房栊闲且肃。
苍翠望寒山,峥嵘瞰平陆。

高轩瞰四野,临牖眺襟带。
望山白云里,望水平原外。
夏木转成帷,秋荷渐如盖。

余雪映青山,寒雾开白日。
暧暧江村见,离离海树出。

辟馆临秋风,敞窗望寒旭。
风碎池中荷,霜剪江南菉。

结构何迢递,旷望极高深。
窗中列远岫,庭际俯乔林。
日出众鸟散,山暝孤猿吟。

落日余清阴,高枕东窗下。
寒槐渐如束,秋菊行当把。

读这类诗,我们自然会想起陶渊明的田园诗,很显然,谢朓写诗,学习和承继了陶渊明的诗风。不同的是,两人所处的环境、所拥有的心态不同,诗的风格自然也会存在差异。

陶渊明因无法忍受官场的污浊与世俗的束缚,坚决辞官归隐,躬耕田园。脱离仕途的那种轻松之感,返回自然的那种欣悦之情,还有清静的田园、淳朴的交往、躬耕的体验,使他在诗中细腻生动地描写了对农田劳动

① 以下所引,依次为《冬日晚郡事隙》《后斋迥望》《高斋视事》《治宅》《郡内高斋闲望答吕法曹》《落日怅望》诗句。

生活的体验，风格清淡而又不失典雅，洋溢着诗人心情的愉快和对归隐的自豪，以朴实无华的语言不加雕饰地描绘出一个宁静纯美的天地，表现了乡村的幽静和作者心境的恬淡。

谢朓不同，他虽然远离庙堂，来到宣城，却不是归隐农耕，而是来做地方官，充其量也就是过一种亦隐亦官的生活。所以谢朓的这类诗中虽有田园生活的描写，却少有田园生活之乐，只不过以田园为陪衬，更好地吟咏山水。由于他将山水与田园相融，使田园诗的发展走向另一条路，比之纯田园诗，审美情趣更丰富、更多彩。从这个意义上讲，谢朓继承了陶渊明的田园诗，同时也将田园诗引入一个新的境界，这就是他的求新、求变。

其三，咏物类。

有《咏竹》《咏蒲》《咏墙北栀子》《游东堂咏桐》《咏蔷薇》《秋竹曲》等。

宣城气候温和，雨量充沛，物产丰富，这使得谢朓有机会观赏到诸多植物，自然引起他咏物的诗兴。虽说是物，但诗中却赋予鲜活的生命，动感十足，对物态的描绘细致入微。如《咏竹》"月光疏已密，风来起复垂"，这是月下风中的婆娑倩影；《咏蔷薇》"低枝讵胜叶，轻香幸自通。发萼初攒紫，余采尚霏红"，真是娇艳动人，轻香如嗅在鼻。

谢朓咏物并非单纯赞扬所咏之物，而多寄托了他的情思和愿望。在《游东堂咏桐》诗中，他借对桐树的吟咏"裁为圭与瑞，足可命参墟"，用周成王桐叶封弟的故事，暗泄对明帝剪除宗室的不满。《史记·晋世家》载，一次，周成王与叔虞在一起时，削桐叶为珪给叔虞，说"以此封君"。一旁的史佚立即请求择吉日立叔虞。哪知周成王说："我是与他开玩笑的。"史佚回答道："天子无戏言。"于是，周成王只好封叔虞于唐地。

其四，应和赠答宾友类。

有《和王著作融八公山》《纪功曹中园》《和刘绘入琵琶峡望积布矶》《送江兵曹檀主簿朱孝廉还上国》《与江水曹至滨干戏》《送江水曹还远馆》等。这类诗虽说是应和赠答之作，但谢朓在诗中也有不少山水的描述，其详在第三章第三节中已有举例，这里不赘。

总之，酷爱山水的谢朓在他的诗作中，山水随处可见，他的诗与山水可谓形影不离。

谢朓与谢灵运都以山水诗见长，两人的风格却有较大差异。谢灵运的山水诗绝大部分创作于他在永初三年(422)出任永嘉太守以后,而谢朓的山水诗也多创作于他为宣城太守时及其前后,这是相似的。谢灵运的山水诗刻意追求深幽奇奥,喜用夸张手法刻画山水奇貌,或描绘雄奇峻异的巉岩危峰,或摹写云雾弥漫的群山,或勾画飞泻而下的瀑布,竭尽全力去描绘丰富多彩的山水画面,仿佛一幅精工描绘的重彩青绿山水画。而谢朓不同,追求的是一种清逸淡雅的风格,描绘的山水更似一幅淡墨浅彩苍润的写意画。谢灵运的诗是"典正可采,酷不入情"[①],而谢朓的诗创立了一种自然清新的风格,追求"好诗圆美流转如弹丸"的境界,似乎更胜一筹,诚如明朝钟惺所言:"谢玄晖灵妙之心,英秀之骨,幽恬之气,俊慧之舌,一时无对。"[②]

为什么会有这样的反差?

其一,宣城与永嘉的地理环境不同。宣城境内有山,如麻姑山、柏枧山、行廊山、敬亭山、陵阳山、凤凰山、麒麟山、响山、玉山等,但险峻者少,海拔不过百十米,平缓者居多;宣城境内有水,水阳江、青弋江穿境而过,流向长江,其支流环城有宛溪、句溪、梅溪等,这些水多"观流水兮潺湲"。又宣城水网交错,丘陵起伏,谢朓触目所及,或"山积陵阳阻,溪流春谷泉",或"池北树如浮,竹外山犹影",全是平淡致远的画面。因而,谢朓描述这些景致时,将自己细腻的感觉、感情、感悟自然而然地融入进去,以至于他的诗给人一种清新、委婉、秀丽的韵味,使人感觉到那清新秀丽的风格与宣城山水之清远绵缈的特色如此贴切。清人洪亮吉在《北江诗话》中论及谢灵运与谢朓的山水诗时,就敏锐地指出他们各自的特点:"诗人所游览之地,与诗境相肖者,惟大小谢。温台诸山,雄奇深厚,大谢诗境似之。宣歙诸山,清远绵渺,小谢诗境似之。"一语道破了谢朓的宣城山水诗风格与宣城的地域环境相得益彰。

其二,二谢的性格迥异。《宋书·谢灵运传》载:"灵运为性褊激,多愆礼度,朝廷唯以文义处之,不以应实相许……出为永嘉太守。郡有名山水,灵运素所爱好,出守既不得志,遂肆意游遨,遍历诸县,动逾旬朔,民间听

---

① 《南齐书》卷五十二《文学传》"史臣曰",第908页。

② [明]钟惺、谭元春:《诗归》,第245页。

讼，不复关怀。所至辄为诗咏，以致其意焉”，又云：“出郭游行，或一日百六七十里，经旬不归……寻山陟岭，必造幽峻，崖嶂千重，莫不备尽……尝自始宁南山伐木开径，直至临海，从者数百人。临海太守王琇惊骇，谓为山贼，徐知是灵运乃安。”谢灵运目无法纪、放荡不羁的个性跃然纸上。而谢朓的个性恰恰相反，《南齐书·谢朓传》称其“谦挹”“好善”，生性柔弱胆怯，加上目睹庙堂之上的相互残杀，使他“常恐鹰隼击”。他来宣城为官，远离庙堂的腥风血雨，到了一个与世无争的和平环境，正所谓“嚣尘自兹隔，赏心于此遇”，再加上宣城“国小暇日多，民淳纷务屏”，让他能够过上忘却烦恼的舒心生活。这时候，山水伴随着他的平静生活，很自然地成为他的情感寄托，使他能够从容地将自己的笔触游弋到山水的方方面面。心情的解放和放松，对一位诗人来讲，可以给他的创作带来无限的自由空间。柔弱的性格，平淡的心境，使他的诗染上平淡清秀的色彩。他没有族伯谢灵运在永嘉的那般气魄，遇木伐木，遇水搭桥，他只求在安逸的环境中，和三两好友咏觞，或独坐高斋，凭窗远眺，寄意山水。在他的视野中，宣城的山山水水可为诗料，不假外求。这种闲适，这种清静，使他在宣城的诗歌创作，着力追求一种新的精神境界，那就是“清”，也即“清静为天下正”的道家理念。他的诗中散发出来的“清”，让我们既能体味到远离尘嚣的超脱，也能感受到他对清明政治的向往和追求。从这个意义上来说，谢朓较之谢灵运，诗歌的境界与格调更高，表现的手法也更为高超。

综上所述，宣城的山山水水，慰藉了谢朓那颗柔弱胆怯的心，激发了谢朓细腻敏锐的创作灵感，宣城平远清丽的佳山秀水，让谢朓的诗歌带上了特殊的灵性，太守谢朓“幸莅山水都”，来到宣城，诱发了谢朓诗歌影响后世的独特风格的形成。山水诗的高峰是谢朓，宣城太守谢朓就是在宣城把中国山水诗发展到了一个高峰。可以认为，如果没有外放宣城为太守这段经历，中国文学史上的谢朓不会取得如此卓越的成就，谢朓甚至可能就是一位虽然富有技巧但却缺乏创新的宫廷诗人而已。

第六章 “令人长忆谢玄晖”

谢朓蒙冤下狱致死后250多年，大唐“诗仙”李白在《金陵城西楼月下吟》诗中写道：

金陵夜寂凉风发，独上高楼望吴越。
白云映水摇空城，白露垂珠滴秋月。
月下沉吟久不归，古来相接眼中稀。
解道澄江净如练，令人长忆谢玄晖。

“令人长忆谢玄晖”，这不仅道出了李白对谢朓的怀念之情，也代表了后世历代多少人的心声。

一、“直是独步千古”

古往今来的人们，追忆、怀念谢朓，主要出于两点：

一则，谢朓是心怀百姓的良吏。史籍上对谢朓为官从政的事迹记载不多，但肯定他是一位廉洁正直的好官。不管是在宣城太守任上，还是在南东海太守任上，谢朓弘扬礼教兴邦，倡导儒家“仁政”思想，多为百姓谋利着想。他两次去敬亭山神庙求雨，祈求天降甘霖，让农民有一个好收成；他将田地分给没有地种的农民，解除他们缺衣少食的困苦；他劝农民弃商务农，安心农耕；他亲自走到农民中去，与他们交谈，听听他们有什么需求；就在临离开宣城之前，他还不忘走到农人中间，与他们依依话别。谢朓所做的这一切，所思所想无疑都是为民。因而，宣城地方史籍把他列为“良吏”而宣扬。唐代权德舆在《送张周二秀才谒宣州薛侍郎》诗中写道："儒衣两少年，春棹毂溪船。湖月供诗兴，岚风费酒钱。上帆涵浦岸，欹枕傲晴天。不用愁羁旅，宣城太守贤"；李白在宣城赞扬其时的宇文太守："下马不作威，冰壶照清川。霜眉邑中叟，皆美太守贤。时时慰风俗，往往出东田"，把宇文太守比作谢朓："曾标横浮云，下抚谢朓肩"（《赠宣城宇文太守兼呈崔侍御》）。又从宣城最早立起的"二仙祠"，到后来的"四贤堂""五贤祠""七贤祠""十贤祠""先贤祠"，谢朓都是名列其中，而且位居榜首。

二则，谢朓是引领中国山水诗走向辉煌灿烂的诗杰。谢朓为官施政的事迹之所以记载甚少，一个最主要的原因在于，他的诗名大大盖过他的官名，以至于他的为官事迹在人们的眼里，与他对诗歌的贡献、对中国传统文化的贡献相比，可以忽略不计了。

谢朓的死，在当时人们的心中，除了为其抱屈、为其哀叹外，更多的是为他的才华殒落而惋惜。谢朓去世后不到30年，梁朝太子萧统编《文选》，收录了谢朓诗作21首；又陈朝所编《玉台新咏》，收录谢朓诗作22首。这两部诗文集收录谢诗之多，也说明谢朓的诗在当时及稍后即有着相当的影响。

齐梁时代，对谢朓诗的评价一直很高。

梁简文帝萧纲《与湘东王书》云："至如近世，谢朓、沈约之诗，任昉、陆倕之笔，斯实文章之冠冕，述作之楷模。"称赞谢朓的诗为冠冕、楷模，可见其影响之大、地位之高。

颜之推《颜氏家训·文章》曰："刘孝绰当时既有重名，无所与让；唯服谢朓，常以谢诗置几案间，动静辄讽味。"这表明谢朓的诗在当时就很受上流社会文士们的喜爱和推崇。

齐梁时著名诗论家钟嵘曾与谢朓相与论诗，正因为对谢朓了解，他在《诗品·齐吏部谢朓诗》中全面评价谢朓道：

> 其源出于谢混。微伤细密，颇在不伦。一章之中，自有玉石。然奇章秀句，往往警遒。足使叔源失步，明远变色。善自发诗端，而末篇多踬。此意锐而才弱也。至为后进士子之所嗟慕。朓极与余论诗，感激顿挫过其文。

钟嵘肯定了谢朓诗的“奇章秀句,往往警遒”,至于他对谢朓诗“末篇多踬”的批评,并不为后世普遍认可。《诗品·序》中还记载:“次有轻薄之徒,笑曹、刘为古拙,谓鲍照羲皇上人,谢朓古今独步。”为此,清人方东树在《昭昧詹言》中进一步引申道:“玄晖别具一副笔墨,开齐梁而冠乎齐梁,不第独步齐梁,直是独步千古。”

谢朓以后的南朝诗人,或多或少都受过谢朓诗的启迪,元人陈绎曾《诗谱》“汉魏六朝诸家诗”条云:“谢朓藏险怪于意外,发自然于句中,齐梁以下,造语皆出此。”

进入唐代,谢朓诗受到普遍重视,因如严羽在《沧浪诗话》中所说:“谢朓之诗,已有全篇似唐人者”,所以追摹、效仿者众多。仰慕、推崇谢朓的第一人当数李白,他与谢朓可称为千古知音。明人张溥《谢宣城集题辞》曰:“李青莲论诗,目无往古,惟于谢玄晖三四称服,泛月登楼,篇咏数见,至欲携之上华山,问青天。余读青莲五言诗,情文骏发,亦有似玄晖者,知其兴叹难再,诚心仪之,非临风空忆也。”

唐天宝十二载(753),李白首次来到宣城,直至广德二年(764),他生命的最后10年时间,大多在宣城度过。李白来宣城的最主要的缘由,便是追踪谢朓。李白的身世遭遇有很多地方与谢朓相似,心存惺惺相惜之情。更重要的是,作为诗人的李白,对六朝绮丽文风不屑,声称“自从建安来,绮丽不足珍”(《古风》),他所推崇的诗歌风格是“清水出芙蓉,天然去雕饰”(《赠江夏韦太守良宰》),唯独对谢朓的清丽诗风情有独钟。他在宣城期间,只要是谢朓曾经登临涉足过的地方,无一遗漏地寻踪觅迹,体味当年谢朓在这些地方留下的诗句,汲取其营养,丰富滋润自己的诗情。敬亭山是李白登临最多的山峰,有段时期他干脆就以敬亭山为家,“我家敬亭下,辄继谢公作。相去数百年,风期宛如昨”(李白《游敬亭寄崔侍御》)。

在敬亭山,李白写下了千古绝唱《独坐敬亭山》:“众鸟高飞尽,孤云独去闲。相看两不厌,只有敬亭山。”诗人敬亭独坐,缅怀追思200多年前的谢朓,与其相隔时空对语,相看不厌。如果说谢朓那首《游敬亭山》诗,让敬亭山“遂使声名齐五岳”,那么,李白的这首诗,更是让敬亭山名扬天下,拥有了“江南诗山”的美名,成为中国诗文化的座标。正如明代雷州推官高维岳在《敬亭山记》中所说:“敬亭浑沌于上古,疆理于周汉,而名胜于晋唐，玄晖发其藻，太白扬其辉，云蒸霞蔚之色，珠蜚玉贯之文，渐振振矣。”①

图22　敬亭山太白独坐楼

李白喜登临的另一个去处便是谢朓楼。

唐初，宣城官民为了纪念谢朓，在谢朓当年所建的高斋故址重建一楼，名谢朓楼。因其位于衙署之北，又名北楼。其楼形制华丽，主要作为官府内宴宾客场所。中唐时，崔龟从任刺史时曾主持重修，形制更为开敞。据唐宣州刺史独孤霖所写《叠嶂楼记》，其时楼名易为叠嶂楼，楼阁依山势，下有小亭，扶阑干、蹑道直上，有两层平台，平台上建有楼阁，有“北望”“条风”“清暑”等名称。《嘉定宣城志》载：“高斋在府治东，后人于其地建北楼，一曰北望楼。唐郑薰诗：‘高斋今北望，池上犹春酌。’自注：高斋，今北望楼。韦苏州诗‘高斋谒谢公’，刘梦得诗‘高斋兴有余’，皆即指北楼为高斋。”宋至清代，谢朓楼屡经损毁，据记载，重修重建即达8次之多，可见此楼在宣城人心目中的位置，这与谢朓在宣城的影响是密不可分的。谢朓楼宋时重修后，嘉祐三年（1058），王安石弟弟王安国应宣州通判杜君懿之邀赴宴斯楼，其《池轩记》记曰：“观夫邑屋之众，丹漆之丽，环数万家于山水之傍，而州人之闲暇饮酒而管弦”；又治平年间监税蒋之奇在《重建叠嶂楼记》中道：“其丹雘之饰则雕甍华栋，金碧彩翠，与夫山光水色，下上

① ［明］汤宾尹辑，王景福、石巍、童达清校注：《宣城右集》，黄山书社，2017年版，第273页。

而相辉，于是观游之胜，遂为江南之绝。”①

李白登临谢朓楼，颇多感怀，如《宣州谢朓楼饯别校书叔云》：

弃我去者昨日之日不可留，乱我心者今日之日多烦忧。长风万里送秋雁，对此可以酣高楼。蓬莱文章建安骨，中间小谢又清发。俱怀逸兴壮思飞，欲上青天揽明月。抽刀断水水更流，举杯销愁愁更愁。人生在世不称意，明朝散发弄扁舟。

又《秋登宣城谢朓北楼》：

江城如画里，山晓望晴空。
两水夹明镜，双桥落彩虹。
人烟寒橘柚，秋色老梧桐。
谁念北楼上，临风怀谢公。

谢朓楼因谢朓之名，也因李白的华丽篇章，几乎成为谢朓的化身，耸立在人们的心目中。自楼建，历代文人名士慕名而来，登临观赏者络绎不绝，赋诗题咏者难以计数，粗略统计各类诗赋达200多首（篇），仅载录于光绪《宣城县志》的谢朓楼诗文就有130多首（篇）。斯楼也称得起中国诗文化的坐标。

图23　谢朓楼

① 《宣城右集》，第112页，第99页。

李白在宣城一路追踪谢朓的足迹，体味谢朓所观赏的山水美景，把玩谢朓精美的诗句并追摩之——

谢朓远眺宣城："寒城一以眺，平楚正苍然。山积陵阳阻，溪流春谷泉。"（《宣城郡内登望》）李白也写道："江城如画里，山晓望晴空。两水夹明镜，双桥落彩虹。"（《秋登宣城谢朓北楼》）

谢朓观赏宣城的物："切切阴风暮，桑柘起寒烟。"（《宣城郡内登望》李白也写道："人烟寒橘柚，秋色老梧桐。"（《秋登宣城谢朓北楼》）

谢朓玩味敬亭美景："山中芳杜绿，江南莲叶紫。芳年不共游，淹留空若是。"（《往敬亭路中》）李白同样有绝美的佳句："敬亭白云气，秀色连苍梧。下映双溪水，如天落镜湖。"（《赠宣州灵源寺仲濬公》）

谢朓游宛溪、句溪留下诗句："兴以暮秋月，清霜落素枝。鱼鸟余方玩，缨绥君自縻。"（《将游湘水寻句溪》）李白也写道："吾怜宛溪好，百尺照心明。何谢新安水，千寻见底清。"（《题宛溪馆》）

谢朓登响山有"幸莅山水都，复值清冬缅。凌崖必千仞，寻溪将万转"（《游山》）的诗句，李白也追寻而去："题舆何骏发，遂结城南期。筑土接响山，俯临宛水湄。"（《九日登山》）

宣城因谢朓在此为官两年，特别是其山水诗创作在此达到登峰造极之地，有"承汉启唐之功"，影响极大，所以宣城与谢朓有关的遗迹或纪念地甚多，堪称华夏之首。甚至宣城别称"小谢城""谢朓城""谢公城"，也与谢朓声名有关。如杜牧诗句"敬亭山下百顷竹，中有诗人小谢城"（《自宣州赴官入京路逢裴坦判官归宣州因题赠》）、"南朝谢朓城，东吴最深处"（《题宣州开元寺》）、"谢公城畔溪惊梦，苏小门前柳拂头"（《自宣城赴官上京》）便源于此。

李白在宣城共写下70多首诗，其中怀念和钦慕谢朓的就有数十首，加上在别处所写诗中涉及谢朓的，那就更多了。如：

> 谁念北楼上，临风怀谢公。（《秋登宣城谢朓北楼》）
>
> 我家敬亭下，辄继谢公作。相去数百年，风期宛如昨。（《游敬亭寄崔侍御》）
>
> 三山怀谢朓，水澹望长安。（《三山望金陵寄殷淑》）

闻道金陵龙虎盘，还同谢朓望长安。(《答杜秀才五松山见赠》)

我吟谢朓诗上语，朔风飒飒吹飞雨。谢朓已没青山空，后来继之有殷公。(《酬殷明佐见赠五云裘歌》)

曾标横浮云，下抚谢朓肩。(《赠宣城宇文太守兼呈崔侍御》)

明发新林浦，空吟谢朓诗。(《新林浦阻风寄友人》)

高人屡解陈蕃榻，过客难登谢朓楼。(《寄崔侍御》)

诺为楚人重，诗传谢朓清。(《送储邕之武昌》)

谢公别离处，风景每生愁。(《谢公亭》)

独酌板桥浦，古人谁可征。玄晖难再得，洒酒气填膺。(《秋夜板桥浦泛月独酌怀谢朓》)

李白为何如此推重谢朓？究其原因，不外乎两点，一是谢朓的诗道出的意境，正是李白所向往、所追求的；二是谢朓的诗“发自然于句中”，这正是李白在吟诗时所追求的境界。纵观李白的不少诗，意境和风格往往与谢朓诗风相近，正因为此，李白在凭吊当涂青山谢公宅[①]后吟唱“青山日将暝，寂寞谢公宅”(《谢公宅》)，感叹生未能与谢朓谋面的遗憾。唐秘书省校书郎裴敬在《翰林学士李公墓碑》中记载：“遂放浪江南，死宣城。”后移葬当涂龙山。及至元和十二年(817)，即李白逝世后56年，在宣城为官的宣歙观察使范传正，了解到父亲范伧生前与李白友情深厚，且李白一生仰慕谢朓，愿与其为芳邻的心愿，便与时任当涂县令诸葛纵商议，将李白墓由龙山东麓迁往青山，与谢朓故宅为邻，实现了李白“悦谢家青山，有终焉之志”[②]的遗愿。

清王士禛《论诗绝句》：“青莲才笔九州横，六代淫哇总废声。白纻青山魂魄在，一生低首谢宣城。”是对李白仰慕崇拜谢朓的最好注脚。

唐代诗人杜甫对谢朓的崇拜热度，虽然没有李白那么高，但对谢诗的

---

① 陆游《入蜀记》卷三：“游青山。山南小市有谢玄晖故宅基，今为汤氏所居。南望平野极目，而环宅皆流泉、奇石、青林、文篠，真佳处也。遂由宅后登山，路极险巇，凡三四里……又里许，至一庵……庵前有小池曰谢公池，水味甘冷，虽盛夏不竭。绝顶又有小亭，亦名谢公亭。”[南宋]陆游著，蒋方校注：《入蜀记校注》，湖北人民出版社，2004年版，第85页。

② [唐]范传正：《唐左拾遗翰林学士李公新墓碑并序》，郁贤皓校注：《李太白全集校注》，凤凰出版社，2015年版，第4221页。

欣赏和推崇也是着力的,“谢朓每篇堪讽诵,冯唐已老听吹嘘”(《寄岑嘉州》)。他的诗风对“清”的追求,显然是受了谢朓诗的影响。所以,杜甫在自己的诗中多次提及谢朓,表达了对他的仰慕之情:

绮丽玄晖拥,笺诔任昉骋。(《八哀诗》之《故右仆射相国张公九龄》)

礼加徐孺子,诗接谢宣城。(《陪裴使君登岳阳楼》)

又白居易是从宣城步入仕途的。贞元十五年(799),28岁的他来到宣城,宣歙观察使崔衍直接举荐他以宣州户籍参加乡贡考试,试题“窗中列远岫诗”即出自谢朓《郡内高斋闲望答吕法曹》诗中名句“窗中列远岫,庭际俯乔林”。白居易对谢朓早就仰慕不已,曾称赞“谢朓篇章韩信钺,一生双得不如君”(《宣武令狐相公以诗寄赠传播吴中聊奉短草用申酬谢》),于是在试卷中写下了“天静秋山好,窗开晓翠通。遥怜峰窈窕,不隔竹朦胧。万点当虚空,千重叠远空。列檐攒秀气,缘隙助清风。碧爱新晴后,明宜反照中。宣城郡斋在,望与古时同”的瑰丽诗篇,被破格选为宣州乡贡,第二年进京应考中进士第四名,“十七人中最少年”。晚年他念念不忘宣城,不忘谢朓,赋《宣州崔大夫阁老忽以近诗数十首见示吟讽之下窃有所喜因成长句寄题郡斋》诗:“谢玄晖殁吟声寝,郡阁寥寥笔砚闲。无复新诗题壁上,虚教远岫列窗间。忽惊歌雪今朝至,必恐文星昨夜还。再喜宣城章句动,飞觞遥贺敬亭山。”

宣城因为谢朓,吸引了唐代各个时期的众多诗人光顾留连。但凡到过宣城,抑或没来过宣城,但因谢朓而对宣城向往的一些唐代诗人,在他们的诗句中,往往都会出现对谢朓的激赏之语:

江上宣城郡,孤舟远到时。云林谢家宅,山水敬亭祠。(韦应物《送宣城路录事》)

江山飞丽藻,谢朓让前名。(钱起《奉和宣城张太守南亭秋夕怀友》)

君到新林江口泊,吟诗应赏谢玄晖。(韩翃《送客还江东》)

若出敬亭山下作,何人敢和谢玄晖。(耿湋《和李观察祷河神降雨》)

久是吴门客,尝闻谢守贤。(卢纶《送从叔士准赴任润州司士》)

宣城文雅地,谢守声闻融。(孟郊《送任载齐古二秀才自洞庭游宣城》)

正是澄江如练处，玄晖应喜见诗人。（李商隐《和韦潘前辈七月十二日夜泊池州城下先寄上李使君》）

山路远怀王子晋，诗家长忆谢玄晖。（杜牧《怀紫阁山》）

南朝山半寺，谢朓故乡邻。（许棠《寄敬亭山清越上人》）

这里值得一提的是刘禹锡。凡谢朓遗迹，刘禹锡皆追踪之。他来过宣城，寻觅谢朓在宣城的踪迹，除了那句著名的"宣城谢守一首诗，遂使声名齐五岳"外，他在宣城写的诗歌中对谢朓称述最多，诸如"更报明朝池上酌，人知太守字玄晖"（《谢窦员外旬休早凉见示诗》）、"遥想敬亭春欲暮，百花飞尽柳花初"（《酬宣州崔大夫见寄》）等。同时，金陵乌衣巷亦是他的向往之处，那首著名的《乌衣巷》诗，就是追踪谢氏家族遗迹时写下的："朱雀桥边野草花，乌衣巷口夕阳斜。旧时王谢堂前燕，飞入寻常百姓家。"深深感叹谢氏家族的昔日辉煌已经不再。

到了宋代，诚如陆游《宣城李虞部诗序》所言："宣之为郡，自晋、唐至本朝，地望常重。来为守者不知几人，而风流吟咏，谢宣城实为之冠。"陆游之言其实也道出了宋人的普遍心声。南宋洪伋在《谢宣城集跋》中也说："谢公诗名重天下，在宣城所赋为多，故杜少陵以'谢宣城'称之。"以此，宋代来到宣城、追踪谢朓遗迹的名人雅士更多。只要是与谢朓有关联的山水楼台，都成了人们登临涉足的胜地，如敬亭山、响山、宛溪、句溪、叠嶂楼、双溪阁、谢公亭、怀谢亭等，是他们来宣城必游之地，且留下了大量的诗文：

名都便欲过，佳处赖公指。仰攀叠嶂高，俯阅双溪美。（苏辙《次韵侯宣城叠嶂楼双溪阁长篇》）

州在三峰最上头，上头高处更高楼。都将万壑千岩景，堆作双溪叠嶂秋。晚雨才收山尽出，暮天似水月如流。敬亭堪喜还堪恨，领得风光搅得愁。（杨万里《中秋前一夕雨中登双溪叠嶂已而月出》）

君不见东阳沈隐侯，君不见宣城谢玄晖。两处双溪清彻底，二子诗句清于溪。（杨万里《谢曹宗臣惠双溪集》）

谢公城上谢公楼，百尺阑干挂斗牛。碧瓦万家烟树密，苍崖一槛瀑泉流。波光滟滟前溪满，刹影亭亭古寺幽。此地近除新太守，绿窗

明月为君留。(梅询《叠嶂楼》)

宋人对谢朓的激赏,是因为他的才华和山水诗所展示的魅力。王安石就认为:“山水玄晖去后空,骚人还向此间穷。”(《寄吴正仲却蒙马行之都官梅圣俞太博和寄依韵酬之》)此类评价在宋人的诗作中又比比皆是:

承明厌直下天来,聊继昭亭小谢才。(郭祥正《赠子中修撰》)

人物向来山吏部,篇章今日谢宣州。(周紫芝《次韵吕居仁诗尾见及四绝》)

玄晖工画山,最识山之趣。(赵孟坚《题黄岩夏氏晓山亭诗卷》)

负郭生涯同季子,澄江诗景属玄晖。(杨亿《弟伋归宁》)

而且,诗人们怀古伤今,往往把这些名胜当作谢朓的化身,用在自己的诗句中。如以澄江指代谢朓:“人物秀春柳,诗句妙澄江。”(谢逸《寄洪驹父戏效其体》)

图24　怀谢亭

综上所述唐宋时代之情况,我们可以得出这样的基本认识:后人酷爱宣城的山水,追忆谢朓,纪念谢朓,是因为谢朓的文学,是因为谢朓的山水诗与诗中的宣城山水，已经同归不朽！

作为一位诗人、文人，谢朓从他那个时代起，直到元明清乃至现代，普遍为人们所认可，而且对他的追颂经久不衰，这在中国历史上实属罕见。虽然中国的山水诗进入盛唐之后，开辟了一个崭新的气象，虽然时代在不断地进步，山水诗的创作也在不断地进步，但是，谢朓山水诗在中国山水诗传承中有着承上启下的特殊地位，谢朓山水诗的杰出成就，仍然被人推尊敬仰，令人难以忘怀。

如明人陆时雍对谢朓诗的辞采、清新，给予了极高的评价："熟读玄晖诗，能令宿貌一新，红药青苔，濯芳姿于春雨。"(《诗镜总论》)

明人王世贞认为谢朓诗"不惟工发端，撰造精丽，风华映人，一时之杰"(《艺苑卮言》)。

清人方东树的评价更是超越众人："玄晖别具一副笔墨，开齐梁而冠乎齐梁，不第独步齐梁，直是独步千古"，"玄晖诗如花之初放，月之初盈，骀荡之情，圆满之辉，令人魂醉。只是思深，语意含蓄，不肯说煞说尽；至其音响亦然。"(《昭昧詹言》)

二、"宣城古是诗人地"

在谈及历代名流文士对谢朓的追慕和推崇时，自然不能不提及宣城本土名流诗人。

首先是唐代的刘长卿。刘长卿(约725—约790)，字文房。天宝进士。官任海盐县令、监察御史、转运使判官、睦州司马、随州刺史等，世称"刘随州"。以诗驰名，被誉为"五言长城"。刘长卿曾遭诬陷被贬官，觉得自己的命运与谢朓有相近之处，谢朓从细腻中引发出哀愁的山水诗常引起他的共鸣。他作诗，有意无意间借用谢朓的手法，有时直接化用谢诗，如"白发经多难，沧洲欲暮春"(《送崔升归上都》)、"日暮望乡处，云边江树秋"(《金陵西泊舟临江楼》)。

北宋梅尧臣最为推崇谢朓。梅尧臣(1002—1060)，字圣俞，因宣城古称宛陵，故又世称"宛陵先生"。天圣八年(1030)因应进士试不第，以其叔梅询“门荫”补太庙斋郎，历任桐城、河阳主簿、建德县令等。皇祐三年(1051)赐同进士出身，改任太常博士、国子监直讲。官至尚书都官员外郎，参与编修《唐书》。少年即负文名，《宋史·文苑传·梅尧臣》称“宋兴，以诗名家为世所传如尧臣者，盖少也”。其诗以“深远平淡”风格扭转了宋初以来“淫巧侈丽，浮华纂组”的诗风。宋人刘克庄说：“本朝诗惟宛陵为开山祖师，宛陵出，然后桑濮之哇淫稍息，风雅之气脉复续。”(《后村诗话》)梅尧臣“深远平淡”的风格，正来自对谢朓诗的学习和承继。他的诗中提及谢朓处比比皆是，如：

谢公下车日，郡内一登望。昭亭山苍苍，寒溪水瀁瀁。(《三十二弟寺丞归宣城因寄太守孙学士》)

李白不厌昭亭山，看尽飞鸟云独闲。我今相送一怀想，想在谢公窗户间。(《来上人归宣城兼柬太守孙学士》)

将归谢公郡，喜见阮家儿。但对月和水，那能酒似池。(《黄池月中共酌得池字》)

赛雨何从事，高情苦爱山。谢公联句后，惠远过溪间。(《依韵和签判都官昭亭谢雨回广教见怀》)

昔时谢公来赛神，兰肴作椒金作钟。(《送宣州签判马屯田兼寄知州邵司勋》)

定似谢公吟远岫，钱塘应合有高斋。(《依韵和杭州梅龙图入淮见寄》)

夜吟谢朓澄江练，露湿陶潜漉酒巾。(《张淳叟献诗永叔同永叔和之》)

梅尧臣特别推崇谢朓，既因诗风追求的一致，也因人生追求的一致。宣城是梅尧臣的故土，他对谢诗的学习成为必然。同时，他来自谢朓的“深远平淡”的诗风，又对里人影响巨大，乃至于宣城本土自梅尧臣之后，学习谢诗之风不辍。

继梅尧臣之后，最有成就者为施闰章。施闰章(1618—1683)，字尚白，号愚山。祖父施鸿猷是明末有名的理学家。顺治十三年(1656)，施闰章御试名列第一，遂任山东提学佥事。官至江西布政司参议，后授翰林院侍讲，纂修《明史》。工诗词，青少年即具诗名，游学燕京，与名儒宋琬等交游和诗，时称“燕台七子”。其诗歌成就突出，同朝著名诗评家王士禛称：“康熙以来，诗人无出南施（闰章）北宋（琬）之右。”（《池北偶谈》）他与宋琬、王士禛、朱彝尊、赵执信、查慎行合称为“清初六家”。施闰章的诗，追求“清深”意境和“朴秀”风貌，语言简净，句调整严，呈现出独具一格的“清真雅正”艺术特色。他的山水诗清新自然，颇有小谢之风，而且他对谢朓的评价也极高，如在《黄门高冢歌》中写道：“谢公久逝杜韩死，敬亭佳客能有几？竭来突兀姜黄门，生爱敬亭死不已。”

宣城由于谢朓、李白的遗风，加之本土诗人梅尧臣、施闰章的竭力推崇，谢朓诗风遂延绵不绝，乃至于施闰章与邑人高咏、梅清、梅庚、梅文鼎、沈泌诸子创立了“宣城体”诗歌，自建一帜，雄踞清初诗坛10年之久。

也正是因为谢朓、李白在宣城的巨大影响，又使宣城有了“宣城古是诗人地”①的美称。明隆庆年间，邑人梅鼎祚编《宛雅初编》八卷，辑录唐代至明正德年间宣城91位诗人的诗作，计唐代2人，宋代9人，元代59人，明洪武至正德间21人，收诗646首。到了清康熙年间，邑人蔡蓁春、施闰章编《宛雅二编》8卷，辑录明嘉靖初至崇祯末凡73家、诗451首。再至乾隆年间，邑人施念曾、张汝霖再续《宛雅》，编成《宛雅三编》24卷，辑录唐至清本邑诗人281位、诗作1401首。宣城本土诗人之多，成就之大，由此可以概见矣。

宣城能有“古是诗人地”的美誉，创始之功不能不归于谢朓。应该说，宣城这块山水诗的福地，成就了谢朓成为中国山水诗杰，为谢朓耸立了一座丰碑；同时，宣城也因为谢朓，成为中国文学史上的圣地。谢朓与宣城相互映衬，共同焕发出中国山水文学与华夏传统文化的璀璨光辉！

---

① 清代桐城派文学大师姚鼐（1731—1815）《张惺斋见示先赠侍读公西阪草堂集辄题一首》诗云：“数卷清风迥出群，正如缥缈敬亭云。宣城古是诗人地，张氏才多奕世闻。逾岭奇游苏玉局，登楼伤别杜司勋。通家独恨千堂阙，聊比中郎志郭君。”今人又由“宣城古是诗人地”化用为“宣城自古诗人地”。

结　语

谢朓离开我们已经1500余年了！作为官民祭祀的良吏，作为杰出的山水诗人，古往今来，谢朓在国人的心中始终占有重要的一席之地。

谢朓的生前足迹，散落江苏南京、湖北江陵、安徽宣城、江苏镇江等地，谢朓的山水诗篇，描摹华夏大地，呈现自然风光，金陵的都邑与山水、宣城的风景与民生，都在谢朓的笔下鲜活了起来，并且传之不朽！对于南京，对于宣城，对于谢朓足迹所至、笔触所及的都邑与山水而言，谢朓注入了这些地方以文化的灵魂、人文的记忆。历史传承到了今天就是现实，现实中有活着的历史，谢朓仍然活在当下！

即以宣城言，谢朓为官宣城，虽然只有短短的不到两年时光，其影响之深远，却实在引人深思：宣城因为谢朓，有了"谢朓城""谢公城""小谢城"等雅称，成了名副其实的"山水诗都"，谢朓也因宣城，而被后人称为"谢宣城"；谢朓去世后不过120来年的唐初，宣城人便在他亲手筑起的高斋遗址，建起一座纪念他的楼，虽然此楼几圮几兴，名称也是几度更改，诸如北楼、谢公楼、北望楼、叠嶂楼、谢朓楼、古北楼等，但是，此楼无论是在文人雅士的笔下，还是在贩夫走卒的眼里，都是谢朓的化身。至于宣城与谢朓有关的纪念地和纪念建筑，旧时即有谢公亭、怀谢亭、二仙祠、十贤祠、云齐阁等，随处可见；今日宣城城南宛陵湖畔新建的宛陵阁，敬亭山主峰新建的天际阁，也都将谢朓作为宣城历史上重量级的文化名人，向世人展示。

再以近百年来谢朓楼的命运为例，也着实令人感动：1937年，清光绪年间重修的谢朓楼毁于日寇的轰炸，千古胜迹，夷为瓦砾，邑人每至于此，多有慨叹；解放初期，人民政府在谢朓楼遗址上建造了一座烈士陵园，谢朓这个名字似乎渐渐被人们遗忘；1978年改革开放春风劲吹，邑人奔走呼吁，当时的宣州市人民政府也意识到，这座与谢朓历史渊源极为深远的城市，应该重新擦亮谢朓这张文化名片，于是在高斋遗址上重建了谢朓楼。现在的谢朓楼里，既有谢朓生平业绩的系统展示，谢朓楼俯视的宣城，也视谢朓为城市的历史记忆、文化资源乃至引以为自豪的城市名片……

由宣城再说到南京，不仅如本书开篇的"楔子"所述，2006年2月23日，在南京"国际梅花节"开幕前夕，由《南京晨报》发起、广大市民提名、百万读者投票、专家学者评审的"南京城市名片"最终入选名单中，谢朓的《入朝曲》"江南佳丽地，金陵帝王州"诗句，成为"文人看南京"的"南京城市名片"，而且，在很长一段时间里，"江南佳丽地，金陵帝王州"亦为高铁驶入南京时的欢迎语，这欢迎语中，既透着一股烟水江南的自豪、一种龙盘虎踞的霸气，也表达着六朝古都、十朝都会的南京人"献纳云台表，功名良可收"的文化自信与人生追求……

这样的谢朓，于是成为"南京历史文化名人系列丛书"的"传主"，而能够成为"传主"的"南京历史文化名人"，自是千挑万选、反复斟酌的结果，既反映了当今南京文人雅士的感情倾向，也体现了南京政府部门的高度首肯[①]……

这样的谢朓的《入朝曲》，又是古都新城的南京接受度最高的自然象征与人文资源。以本人所经历的一件事情为例。2017年9月2日，作为地产项目"应天府"的文化顾问，我为该项目所做的景观策划方案如下：

> 建议整个流线景观的线性思维，可以南朝谢朓的《入朝曲》为第一层理念。南京人最为熟知的诗句，六朝为《入朝曲》，唐朝为《乌衣巷》。考虑及此，应天府的景观设计，入口处可为《桃花源记》，显示山重水复的画境，然后依次为"江南佳丽地"（风水四象的表达）、"金陵帝王州"（十朝都会的历史）、"逶迤带绿水"（桨声灯影、秦淮渔笛、春江花月的情境）、"迢递起朱楼"（大明南都繁会的情景），至于串联其间的空间场景，则取义于"飞甍夹驰道，垂杨荫御沟"的驰道、垂杨、御

① "南京历史文化名人系列丛书"总计"传主"20位，由南京市文化广电新闻出版局、南京市博物总馆主持。

沟、建筑。

果然如此，则位于中华门西、秦淮河畔、南京母城“越城”之侧的“应天府”，将重现谢朓《入朝曲》的画境、意境、情境乃至心境，而埋骨于金陵、泉下应有知的谢朓，也当感到欣慰吧……

附录一　谢朓诗文系年

关于谢朓诗文系年，笔者所寓目者有伍叔傥《谢朓年谱》(《小说月报》十七卷号外《中国文学研究》，1927年)、李太斌《谢朓年谱(下)》(《四川教育学院学报》1989年第1期)、陈庆元《谢朓诗歌系年》(《文史》第21辑，1983年)、曹融南《谢宣城集校注》(上海古籍出版社，1991年)之《谢朓事迹诗文系年》、关玉林《谢朓生平及诗文系年考论》(《四川师范大学学报》1998年第1期)、陈冠球《谢宣城全集》之《谢朓年表》(大连出版社，1998年)，又有所涉及者如曹道衡、刘跃进《南北朝文学编年史》(人民文学出版社，2000年)，曹道衡、沈玉成《中古文学史料丛考》(中华书局，2003年)，柏俊才《"竟陵八友"考辩》(中国社会科学出版社，2011年)之《谢朓诗文系年》。然而问题在于，各家之间虽有共识，却也颇多争议。此据李猛、曹旭《谢朓年谱汇考》(收入范子烨编:《中古作家年谱汇考辑要(卷三)》，世界图书出版西安有限公司，2014年)，辑为《谢朓诗文系年》，以其总体而言后出转精；至于诗文标题，则以曹融南《谢宣城集校注》为准，而省略书名号。

齐建元四年，公元482年，谢朓19岁

答王世子

齐永明二年，公元484年，谢朓21岁

七夕赋

齐永明五年，公元487年，谢朓24岁

永明乐(十首)

齐永明七年，公元489年，谢朓26岁

杜若赋，游后园赋，高松赋，拟宋玉风赋

齐永明八年，公元490年，谢朓27岁

奉和竟陵王同沈右率过刘先生墓，同咏坐上所见一物·席，咏镜台，咏烛，咏邯郸故才人嫁为厮养卒妇，咏瀏鹈，同咏座上器玩·乌皮隐几，临高台，芳树，咏竹火笼，阻雪（联句）

齐永明九年，公元491年，谢朓28岁

同咏乐器·琴，和别沈右率诸君，离夜，将发石头上烽火楼，鼓吹曲（元会曲、郊祀曲、钧天曲、入朝曲、出藩曲、校猎曲、从戎曲、送远曲、登山曲、泛水曲），和江丞北戍琅邪城，夏始和刘孱陵，奉和随王殿下（其三、其九、其十、其一、其二、其五、其十三、其四、其七、其八），临溪送别，谢随王赐《左传》启，谢随王赐紫梨启

齐永明十年，公元492年，谢朓29岁

奉和随王殿下（其十六、其十一、其十五），江上曲，和王长史卧病，春思，望三湖，和伏武昌登孙权故城，同羁夜集，答张齐兴，冬绪羁怀示萧谘议虞田曹刘江二常侍

齐永明十一年，公元493年，谢朓30岁

和何议曹郊游（二首），落日同何仪曹煦，和宋记室省中，临楚江赋，至浔阳，暂使下都夜发新林至京邑赠西府同僚，新亭渚别范零陵云，拜中军记室辞随王笺

齐隆昌元年（正月至七月）、延兴元年（七月至十月）、建武元年（十月起），公元494年，谢朓31岁

为王敬则谢会稽太守启，为鄱阳王让表，为齐明帝让封宣城公表，为明帝拜录尚书表，为宣城公拜章，为录公拜扬州恩教，同谢谘议咏铜雀台，始出尚书省，酬王晋安，和王中丞闻琴，齐郁林王墓志铭，为百官劝进齐明帝表，观朝雨，齐海陵王墓铭

齐建武二年，公元495年，谢朓32岁

直中书省，侍宴华光殿曲水奉敕为皇太子作，三日侍宴曲水代人应诏，三日侍华光殿曲水宴代人应诏，和王主簿季哲怨情，赠王主簿（二首），同王主簿有所思（三首），夜听伎（二首），和徐都曹出新亭渚，休沐重还丹阳道中，游东田，和刘绘入琵琶峡望积布矶，雩祭歌，晚登三山还望京邑，京路夜发，之宣城郡出新林浦向板桥，始之宣城郡，出下馆，游敬亭山，后斋迥望，咏竹，秋夜，郡内高斋闲望答吕法曹，落日怅望，游东堂咏桐，侍筵西堂落日望乡（联句），和王著作融八公山，秋竹曲，秋夜讲解，宣城郡内登望，游山

齐建武三年，公元496年，谢朓33岁

高斋视事，往敬亭路中（联句），赛敬亭山庙喜雨，祀敬亭山庙，纪功曹中园（联句），和纪参军服散得益，送江兵曹檀主簿朱孝廉还上国，与江水曹至滨干戏，送江水曹还远馆，和刘西曹望海台，还涂临渚（联句），赋贫民田，在郡卧病呈沈尚书，忝役湘州与宣城吏民别，移病还园示亲属，和萧中庶直石头，新治北窗和何从事，冬日晚郡事隙

齐建武四年，公元497年，谢朓34岁

临东海饷诸葛璩谷教

齐建武五年、永泰元年（四月起），公元498年，谢朓35岁

齐明皇帝谥册文，齐敬皇后哀策文，和沈祭酒行园，酬德赋，治宅

附录二 “山水诗都”宣城[①]

研究中国古代文学者都知道，现在自称“山水诗都”的城市是马鞍山。马鞍山山明水秀，又是“诗仙”李白的钟情与终老之地，以“山水诗都”作为城市名片没有问题。只是我们需要注意，马鞍山建市的历史很短，是1956年才成立的，而李白游历的当涂、采石矶，终老的青山，在唐朝时本来属于宣州管辖；另外，马鞍山的“山水诗都”，其实是“山水+诗都”，而这里要讨论的宣城之为“山水诗都”，是“山水诗+都”。如此，宣城、马鞍山这两个“山水诗都”可以并行不悖。

为什么称宣城是“山水诗+都”？

第一，时空吻合

王国维曾经说：“一代有一代之文学”，如先秦散文、汉赋、魏晋南北朝骈文、唐诗、宋词、元曲、明清小说；诗歌也是这样，“一代有一代之诗歌”，如先秦的《诗经》、楚辞，汉代的乐府，魏晋的咏怀诗，两晋的玄言诗。具体说到山水诗，《文心雕龙·明诗》：“江左篇制，溺乎玄风……宋初文咏，体有因革。庄老告退，而山水方滋。俪采百字之偶，争价一句之奇，情必极貌以写物，辞必穷力而追新。”也就是说，山水诗是对玄言诗的革命。玄言诗是以诗的形式宣讲老庄玄理，抽象玄奥，缺乏诗情画意。而取代玄言诗的山水诗，清新优美，明白晓畅，是自然的人化与人的自然化，是人对自然的

① 本附录节选自胡阿祥：《宣城之韩愈前史：江南奥壤，山水诗都》，2015年10月“宣城韩愈国际学术研讨会”提交论文。

深情投注。

山水诗早期的代表人物，是前后辉映、族伯与族侄关系的谢灵运与谢朓。晋宋之间的谢灵运，游走吟咏在浙东的山水之间，使得山水诗独立成派，所以谢灵运被称为山水诗的鼻祖；南朝萧齐的谢朓在宣城的创作，使得山水诗走向成熟，后世公认他是整个南朝最有成就、最为杰出的山水诗家，清人叶燮曾经说："六朝诗家，惟陶潜、谢灵运、谢朓三人最杰出，可以鼎立。"

山水诗出现于晋宋之间，而成熟于萧齐的宣城，所以宣城作为山水诗都，在时间与空间两方面都是吻合的。

第二，作品典型

何谓山水诗？以表现山水之美、抒发观赏山水时的心境与感受为主题的诗是也。比较谢灵运与谢朓这对伯侄的作品，谢灵运的山水诗一般是三段式结构，即叙事—写景—谈玄，其中谈玄一段，是由观赏山水而悟出的人生哲理，几乎全是老庄的玄理，如《登池上楼》在"池塘生春草，园柳变鸣禽"之后，就是一条玄言的尾巴："祁祁伤豳歌，萋萋感楚吟。索居易永久，离群难处心。持操岂独古，无闷征在今。"这些诗句不仅难以理解，而且缺乏形象，淡乎寡味。所以人们常说，谢灵运的山水诗是"带玄言的山水诗"，这样的山水诗往往"有句无篇"，就是有极好的写景的句子，但缺乏情景交融的整体。

到了比谢灵运晚生80年的谢朓，是以身体进入山水，以心灵拥抱山水，使得山水诗有了长足的进步。如谢朓在出任宣城太守路上所写的《之宣城郡出新林浦向板桥》诗，其中说："既欢怀禄情，复协沧州趣。嚣尘自兹隔，赏心于此遇"——出任宣城太守，既有俸禄可拿，值得欢喜，又有山水可玩，意趣无穷。从此远离喧嚣的尘俗，投入令人赏心悦目的山水——"赏心于此遇"，遇见的就是宣城。宣城是谢朓山水诗的重要源泉。谢朓存世的诗大约140首，其中近50首山水诗，大多是他任宣城太守时或在往返途中所创作的。

我们看看谢朓的山水诗："余霞散成绮，澄江静如练。喧鸟覆春洲，杂英满芳甸"；"江路西南永，归流东北骛。天际识归舟，云中辨江树"；"远树暖仟仟，生烟纷漠漠。鱼戏新荷动，鸟散余花落"——这些诗句，风格清丽协调，境界圆融流美，难怪齐梁文坛领袖沈约称道："二百年来无此诗也。"

说起山水诗，人们总要举例，而所举的例子，总离不开谢朓在宣城创作的山水诗，所以宣城作为山水诗都，贡献出来的作品最为典型。

第三，影响深远

山水诗不仅属于宣城，也属于全国，不仅属于南朝，也属于唐朝。而说起唐诗中的山水诗，影响最为深远者，仍然是谢朓。明朝胡应麟在《诗薮》中说："唐人鲜为康乐者，五言短古多法宣城"，"康乐"指谢灵运，"宣城"指谢朓。胡应麟还具体举例道："余霞散成绮，澄江静如练，初唐也。金波丽鳷鹊，玉绳低建章，盛唐也。天际识归舟，云中辨江树，中唐也。鱼戏新荷动，鸟散余花落，晚唐也。俱谢玄晖诗也。"胡应麟所举诗句，竟然全部出自谢朓的山水诗，这不能说是偶然的巧合，而是客观事实的反映，如除了胡应麟以外，宋朝诗人赵师秀说："玄晖诗变有唐风。"清人吴淇更说：谢朓诗"专精于写景，而情与事寓焉……故唐人每摘其句以为诗题云"，"遂以开唐人一代之先"。由此可知，有唐一代的诗人，在写作技巧、格律运用、描述对象等方面，都颇多受益于谢朓。

我们不妨举个例子，看看谢朓对于李白的影响。桀骜不驯的李白，是天才绝伦的"诗仙"，却如清人王士禛所说："青莲才笔九州横……一生低首谢宣城。"李白不仅缅怀谢朓，如"谁念北楼上，临风怀谢公"，而且化用谢朓的诗句，如"我吟谢朓诗上语，朔风飒飒吹飞雨"；李白不仅生前长忆谢朓，如"解道澄江净如练，令人长忆谢玄晖"，而且遗言葬在谢朓曾经建有别墅的宣州谢公山，也就是今天的马鞍山当涂青山，于是太白诗魂与玄晖故迹，得以相映成趣，马鞍山这座山水诗都，竟然也离不开谢朓。

山水诗在中国文学史上绵延了上千年，而说起声名最为显著、影响最为深远的人物与作品，还是谢朓及其宣城山水诗，所以立足中国文学史，宣城也是山水诗都。

第四，敬亭诗山

宣城作为山水诗都，不仅因为谢朓的山水诗极言宣城之美，还因为宣城拥有一座独一无二的江南诗山——敬亭山。

敬亭山原名昭亭山，因为避西晋追封的太祖文皇帝司马昭的名讳而改名。说起敬亭山，最为世人熟知者是李白的《独坐敬亭山》。其实，最早使敬亭山成名的，还是谢朓写出了其山高与幽的特点、技法娴熟的《游敬亭山》，乃至唐人刘禹锡超格评说："宣城谢守一首诗，遂使名声齐五岳"，也就是说，敬亭山是因为谢朓的这首诗而与"五岳"齐名的。至于后世文人写敬亭山的诗歌，意境也大多与谢朓的这首诗相同或相近。就以李白的《独坐敬亭山》来说，也是如此，"众鸟高飞尽，孤云独去闲。相看两不厌，只有敬亭山。"因为"高"，才有"云"，因为有"云"，才显出"高"的缥缈空灵。而据不完全统计，谢朓以后，及至清朝，吟咏敬亭山的诗歌，今天可以见到的，就达到了600多首。

宣城城边的敬亭山，好像一块磁铁，把谢朓、李白以及古往今来的许多山水诗人吸附在了一起，不仅敬亭山由此成为闻名遐迩的"江南诗山"，敬亭山水诗也成了中国山水诗的重要组成部分。这就是山水诗都宣城山水的魅力。

第五，文化符号

相对于宣城城边的敬亭山，宣城城中最著名的人文景观就是谢朓楼了。这座楼是唐初宣城士民为了怀念谢朓，而在谢朓理事起居的高斋旧址建立的，存在了1000多年，历代登楼观赏者络绎不绝，赋诗题咏者难以计数。谢朓楼与宣城的关系，正如李白在《秋登宣城谢朓北楼》诗中所描绘的，登楼而望，"江城如画里，山晓望晴空。两水夹明镜，双桥落彩虹”。1937年，清末重修的谢朓楼被日军飞机炸毁。现在重建的谢朓楼，仍然雄踞闹市中心。谢朓楼对于宣城的符号意义，大概就相当于武汉的黄鹤楼、南京的阅江楼、永济的鹳雀楼、岳阳的岳阳楼吧。不同的是，上面这些楼都是因为诗文而出名的，唯有宣城的谢朓楼（也称谢公楼），直接以人为名。

谢朓楼以人为名的特殊现象，显示了谢朓对于宣城的特殊意义。谢朓的官职并不止于宣城太守，而且谢朓担任宣城太守只有短短的一年多时间（495年春到496年秋），既没有做过多少非同一般的大事，谢朓的人品也是聚讼纷纭，但后人仍习称谢朓为“谢宣城”，原因何在呢？诚如南宋洪伋《谢宣城集·跋》所云：“谢公诗名重天下，在宣城所赋为多，故杜少陵以谢宣城称之”；又《四库全书总目提要》亦云：“其官实不止于宣城太守，然诗家皆称谢宣城，殆以北楼吟咏为世盛传耶”；南宋陆游也说：“宣之为郡，自晋唐至本朝，地望常重，来为守者不知几人，而风流吟咏，谢宣城实为之冠。”换言之，即谢朓习称“谢宣城”的原因，在于谢朓在宣城太守任上，创作了一生中最好的山水诗作品；在于宣城的山水已经与谢朓的山水诗连在了一起，宣城最早就是因为谢朓的妙笔华章而名扬天下的；在于宣城的许多名胜古迹，化用了谢朓的诗句，如“合沓与云齐”与云齐阁，“余霞散成绮，澄江静如练”与绮霞阁、澄江亭；在于宣城竟然有了“谢朓城”“谢公城”“小谢城”等别称。再换言之，宣城官民祭祀谢朓、中国文学纪念谢朓，不是根据谢朓的权势与人品。谢朓没有什么权势，即便有权有势，权势也是短命的，谢朓的人品不乏非议，但相对于谢朓的文学，人们已经淡忘了这些非议。人们祭祀谢朓、纪念谢朓，是因为谢朓的文学，是因为谢朓的山水诗与诗中的宣城山水，同归不朽。

宣城城中有山水诗家谢朓楼，宣城城边又有“江南诗山”敬亭山。我们可以说，已经辞世1500余年的谢朓，已经辞世1200多年的李白，并没有离我们远去，他们仍然是“活”在今天宣城的文化符号。宣城的山水，因为谢朓、李白等名家的山水诗篇，鲜活灵动了起来，所以宣城作为“山水诗都”，真是名副其实！

然则“山水诗都”既反映了宣城的历史文化特色，那么，回到现实中来，围绕着宣城历史文化的继承、弘扬与创新，不妨再提三点“书生之见”：

首先，在中国这样的诗歌的国度，敢称“山水诗都”是需要有底气与实力的。而依据上面的讨论，宣城称为“山水诗都”，可谓名副其实。我想，今天的宣城，如果能够做好“山水诗都”这篇文章，那无疑是提升城市文化品位、丰富山水旅游内容的很好的着力点。就城市景观与自然风景言，宣城并无特别的优势，然而，宣城的城、宣城的山、宣城的水与对话自然、天人合一的山水诗的独特联系，却是许多的城市、许多的山水不具备的。就以南京的山水为例，紫金山、玄武湖作为自然的山水，没什么好看的，人们看的是紫金山的历史与建筑，品的是玄武湖的文学与风水。同样，“山水诗都”，也是宣城人无我有、人有我优、人优而我独特、人独特而我唯一的文化符号，值得大力宣传、广泛弘扬。

其次，如果宣城把谢朓的历史文化资源放大、延伸，倡导甚至推出“中国第一华丽家族陈郡谢氏之旅”，那也是极有意思的。谢氏的影响，真是至今不歇，记得2008年谢晋导演、2015年谢铁骊导演去世，都有媒体电话采访我，问谢晋、谢铁骊、谢霆锋、谢安是不是一家的。这条旅游路线，包括了中古谢氏起源地河南太康，谢氏崛起江南的发祥地江西南昌，谢氏家族聚居地南京乌衣巷，谢氏置产兴业地浙江绍兴，谢氏编练北府兵的江苏扬州，谢安前后两次隐居东山的浙江上虞、南京江宁，谢氏建立不世功勋的淝水之战故地安徽淮南八公山，“大谢”“小谢”开创山水文学的浙江温州、上虞，江西临川，安徽宣城，等等。通过这条谢氏之旅的踏访，能够让今天的人们明白，何谓贵族作派、名士家风、言传身教、庄老心态、雅道相传、芝兰玉树、风流逍遥，理解如何审时度势、出入进退、建功立业、隐遁山水、融入自然。这些，对于浮躁的当今社会，应该是有意义的。

第三，接着谢氏之旅说下去，与谢氏有关的这些地方之间，学者与政府层面，可以考虑建立起多方面的联系。这方面的成功例子，是我相对熟悉的韩愈。如韩愈故里河南孟州、韩愈贬官的广东潮州与阳山，都非常看重韩愈的研究以及相关资源的开发、利用与弘扬，也都取得了明显的社会效应。中国唐代文学学会韩愈研究会自从1992年成立以来，以上三地轮流坐庄，召开国际会议、高层论坛，于是，这些地方不仅学术研究氛围更加浓厚、学术联系更加广泛、旅游形象更加鲜明，地方政府之间也建立起了常规的交流互访友好关系。也就是说，因为韩愈，汇聚了一大批的学人，密切了三地政府间的文化交流。及至2013年,韩愈曾经担任刺史的袁州,也就是江西宜春,也加入了这支韩愈研究与应用的队伍。而令人欣喜的是,现在又在宣城召开了“韩愈国际学术研讨会”,宣城且在规划建设韩愈文化园、韩愈纪念馆,于是,在韩愈研究与应用的这支队伍里,又加入了宣城。我想,这样的成功经验,完全可以复制到陈郡谢氏的身上。

后 记

在我的写作实践中，这是一册篇幅很小的书，也是一册选题很新的书。

篇幅很小，不必多说，电脑显示的“字数统计”不到9万字；选题很新，毕竟这是我第一次尝试写人物传纪。

怎么会写这样一册人物传记呢？不妨由近及远地追溯一番：

2018年12月20日，经过断断续续约两个月、实际费时约45天的努力，《谢朓传》就绪，并发给“南京历史文化名人系列丛书”执行主编邵磊——我终于松了口气；

2018年10月8日，王景福老先生发来《宣城太守与山水诗杰》《令人长忆谢玄晖》，凡两章、25000多字——合作者都交稿了，我也不得不写了；

2018年9月13日，邵磊寄来“系列丛书”首批三册，即李菁的《王昌龄传》、杨恩玉的《何承天传》、王思豪的《方苞传》——有了参照的“范本”，于是《谢朓传》排进了我的工作计划；

由2016年8月再往前追，现在想来，我与谢朓的“现实”缘分的确匪浅：2006年2月23日正式揭晓的“南京城市名片”中，南京人的口头禅“多大事啊”、谢朓的诗句“江南佳丽地，金陵帝王州”，是我坚持要入选的；2011年6月5日我在台北“中研院”学人招待所写作《宣城之外看宣城》短文，推尊谢朓及其山水诗及其谢公楼为“活”在今日宣城的文化符号；2014年8月11日六朝博物馆的开馆仪式(后来因故取消)，我建议的五幕流程就是谢朓《入朝曲》的五联；2015年6月28日我在宣城红星礼堂面向市民开讲“六朝宣城”，首倡宣城为“山水诗都”，而其依据即在谢朓的山水诗与诗中的宣城山水……

然则如此匪浅的“现实”缘分，终于结出了《谢朓传》这颗果子。

《谢朓传》这颗果子的滋味，不知读者诸君品尝下来，是酸、甜还是苦、辣？也不知承担了第五、第六两章的景福先生读过由我定稿的全书，是否还能露出那经典迷人的“笑靥如花”？起码对于我来说，研读史料、学习诗文的态度是认真的，对话南朝、踪迹山水、理解谢氏、同情玄晖的心境是虔诚的，希望兼顾历史、文学、地理等各方面，从而写出有别于“常规”或“单纯”文学家传记的追求也是明确的。

篇幅很小的《谢朓传》，“后记”就此打住可矣。需要例行感谢的领导、朋友与家人，如“系列丛书”的主持人刁仁昌局长、金卫东局长、曹志君馆长、邵磊主任，如让我爱上宣城的张黎勇常委、王景福大人、余雷老弟，如肯定我接下此活的胡箫白博士、分担我社会杂务的牛勇女士，如解我疑惑的李菁教授、为我借书的赫兆丰博后……因为这些领导、朋友与家人，我之撰述谢朓小传的短暂时光，竟也成了感觉好玩、享受情谊、值得珍惜的过程。

胡阿祥

记于南京仙林三栖四喜斋

二〇一九年一月二十六日